Harry Graf

Weisst du was Liebe ist?

Falls Sie weitere Exemplare dieses Buches bestellen
möchten, wenden Sie sich bitte an den Buchhandel
oder senden Sie ihre Bestellung an:

Harry Graf
Bahnhofstrasse 2/4
CH-5610 Wohlen

oder direkt per E-Mail an:
hg@harrygraf.ch

1. Auflage 2009

© Harry Graf, Organisations- und Datenberatung, Wohlen
Umschlag und Satz: David Graf, Wohlen
Druck: Jordi Medienhaus, Belp

ISBN: 978-3-9523554-0-4

Inhaltsverzeichnis

Vorwort 5
Bedingungslose Liebe – eine kleine Geschichte 7

Teil 1: Gott, die Liebe und wir 13
1. Wo liegt die Quelle der Liebe? 14
2. Die Bedeutung der Liebe – ein Überblick 26
3. Wie funktioniert «echte» Liebe? 31
4. Unsere Identität und Bestimmung –
   werden wie der Gott der Liebe 37
5. Wen sollen wir lieben? 57
6. Unsere Befähigung – Gottes Liebe in uns 67

Teil 2: Schritte auf dem Weg zu wahrer Liebe 79
7. Der Versuch einer Definition 80
8. Wertschätzung – Basis und Erfüllung aller Liebe .. 83
9. Interesse – Der Anfang liebenden Handelns 86
10. Liebe basiert auf dem freien Willen des anderen . 90
11. Bestimmung und Bedürfnisse –
    Wegweiser der Liebe 98
12. Wo findet Liebe das richtige «Know How»? 108
13. Die Liebe handelt 116
14. Liebe ist nicht immer nur «nett» 124

Teil 3: Praktische Liebe 137
15. Liebe im Alltag - wie geht das? 138

Ausklang 159

Er liebt.
Er gibt.
Wir glauben.
Wir leben.

Max Lucado
(nach Johannes 3,16)

Vorwort

Die Erkenntnis, dass die Evolutionstheorie nicht unsere Herkunft erklärt, führte mich in die Auseinandersetzung mit Gott. Beruflich analysiere ich heute oft Informationen und Prozesse und versuche diese zu ordnen. Dennoch führte mich nicht der Verstand zu meiner wichtigsten Entscheidung im Leben, sondern die Liebe.

Ich war als 17-Jähriger ein wenig kauzig und litt darunter. In einem Jugendlager erkannte ich – über die bedingungslose Annahme einer Gruppe von Christen – wie mich der biblische Gott liebt. Ich verstand welche Absichten diese Liebe hat und welchen Preis Gott in seinem Sohn Jesus Christus für mich bezahlte. Sein Ziel war, in enger Gemeinschaft mit mir diese Liebe ausleben zu können.

Ich habe damals mein Leben Jesus Christus anvertraut und seitdem diesen Schritt nie bereut. Die tiefe Kenntnis Gottes über meine Person, seine nicht aufhörende Intensität, mit der er mein Bestes sucht, seine Güte und Weisheit – auch seine Gerechtigkeit und Zurechtweisung – veränderten mein Leben völlig.

Diese Liebe ist es, die mich lehrt, in der Ehe nicht einfach davon zu laufen, wenn es einmal nicht stimmt. Diese Liebe war der Orientierungspunkt in der Erziehung unserer nun erwachsenen drei Kinder. Diese Liebe führt mich in meinen Geschäftsbeziehungen, im Umgang mit meinen Mitarbeitern, im Leben in der christlichen Gemeinde. Sie hat mein skeptisches Denken überführt. Sie ist für mich das wichtigste Indiz von Gottes Göttlichkeit und der Tatsache seiner lebendigen persönlichen Existenz.

Ich wünsche mir von ganzem Herzen, dass Sie dieser Liebe Gottes in seinem Sohn Jesus Christus begegnen. Dass Sie seine Liebe verstehen lernen. Dass Sie sich ihr ausliefern und in gleicher Weise in der gnädigen Vergebung seiner Liebe zur Ruhe kommen wie ich.

Die nachfolgenden Kapitel dieses Buches werden die Liebe nicht ergründen. Aber es versucht, die Quelle der Liebe und damit des Lebens selbst zu ergründen. Es versucht, den «Gott der Liebe» und seine Liebe besser zu verstehen. Und nicht zuletzt sollen die folgenden Kapitel herausfordern, die eigentliche Bestimmung des Menschen wieder neu zu erkennen.

Harry Graf

Bedingungslose Liebe – eine kleine Geschichte

John lebte seit seiner Kindheit in einem kleinen Dorf und hatte gerade die Schule abgeschlossen. Mit seinen 19 Jahren war er ein fröhlicher, junger Mann voller Möglichkeiten. Jeder kannte John. Mit seinen blonden Haaren, den vielen Sommersprossen und seinem gutmütigen Temperament war er die ganze Freude seiner Eltern. John liebte die Leute in seinem Dorf. Wo er konnte, half er mit.

Aber eine Person liebte er noch mehr: Julia. Heute war ein besonderer Tag. «Seine» Julia hatte Geburtstag. Er kannte sie schon eine Ewigkeit. Mit ihren langen Haaren und den blauen Augen hatte sie John's Herz gewonnen. Heute Abend wollte er ihr eine besondere Freude machen. Er hatte die schönste Rose aus dem eigenen Garten geschnitten und klopfte nun nervös an ihrer Haustüre. Die Türe öffnete sich und vor ihm stand Julia. Erwartungsvoll schaute sie ihn an. John streckte ihr die Rose entgegen und lud sie zum Essen ein. Julia freute sich offensichtlich über John's Erscheinen und sagte zu.

John genoss jede Minute in ihrer Gegenwart. Nie sollte dieses Abendessen enden. Er liess ihr an nichts fehlen. Er liebte Julia. Berge würde er versetzen, um ihr Herz für immer zu gewinnen. Schon als kleiner Junge hatte er Julia überall geholfen. Er trug ihr die Milchkanne nach Hause, half ihr bei den Hausaufgaben und beschützte sie vor den «bösen» Jungs. Nie behielt er etwas für sich, sondern teilte es mit ihr. Wenn Julia glücklich war, war er auch glücklich. Sie gehörten einfach zusammen.

Ein Jahr verging. John's Liebe zu Julia hatte nicht abgenommen – im Gegenteil. So viele Jahre waren er und Julia zusammen. Nun sah er die Zeit gekommen, ihr einen Heiratsantrag zu machen. Mit mächtigem Herzklopfen kam John bei Julias Haustüre an, klingelte und wartete. Julia kam an die Tür. Sie sah umwerfend aus. Er ging auf die Knie, blickte in ihre Augen und wollte gerade zu sprechen beginnen, als er hinter Julias Kopf plötzlich das Gesicht eines anderen jungen Mannes auftauchen sah, der seinen Arm um Julias Schultern legte – Dirk.

Unzählige Gedanken schossen John durch den Kopf, während er Julia ungläubig anstarrte. Julias Blick versuchte John auszuweichen. Kurz und knapp murmelte sie: «Es tut mir leid, John» und liess ihn draussen stehen. An diesem Abend flossen viele Tränen über John's Wangen. Er konnte es einfach nicht fassen. Jahrelang hatte er alles für Julia gegeben. Warum nur wollte sie diesen Dirk und nicht ihn? Diesen Typen, der in allem nur immer sich selbst suchte. Hatte er etwas falsch gemacht?

John hatte Julia nie unter Druck gesetzt. Er war nie aufdringlich gewesen, hatte immer ihr Ja abgewartet, wenn er etwas mit ihr unternehmen wollte. Wie oft hatte sie ihm versichert, wie sie ihn mochte. Er verstand das alles nicht. Dennoch wollte er nicht aufgeben. Er beschloss, Julia einfach weiter zu lieben, für sie das Gute zu suchen und da zu sein, wenn sie ihn brauchte – auch wenn es noch so schmerzhaft sein sollte.

So akzeptierte er auch ihren Entscheid, mit Dirk zusammen sein zu wollen. Trotzdem fiel es ihm schwer, Julia nicht mehr besuchen zu können. Eines Nachts, als John bereits schlief, klopfte es heftig an die Tür. John öffnete und Julia stürzte herein. Ihr Gesicht war blutverschmiert. Dirk hatte sie geschlagen. Sorgfältig behandelte John Julia's Wunden und verband die geschlagenen Stellen.

Kurz nach dieser Begebenheit trennte sich Julia von Dirk. John's Hoffnungen wuchsen und er verbrachte wieder mehr Zeit mit Julia. Auch sie war dankbar. Mit ihm konnte sie über alles sprechen und ihr Herz ausschütten. Diese für John so glückliche Zeit dauerte aber nur kurz. Bald schon lernte Julia einen gutaussehenden, vermögenden Typen kennen, der ihr allerlei Dinge versprach. Julia zog in eine andere Stadt und lebte mit dem neuen Mann zusammen. John verlor Julia aus den Augen. Einige Zeit später kriegte er mit, dass Julia schwanger wurde und ihr erstes Kind kriegte. Ein zweites folgte. Dennoch schien sie nicht wirklich glücklich zu sein. Ihr Mann war viel auf Reisen und hatte auch die wenigen Male, wenn er zuhause war, keine Zeit für sie oder die Kinder.

John nahm dies sehr mit. Es war nicht einfach zu sehen, wie das Leben «seiner» Julia verlief. Wie gerne hätte er ihr ein anderes Leben geboten. Trotz der vielen Enttäuschungen liebte er Julia immer noch. Nachdem er ihren neuen Wohnort herausgefunden hatte, schrieb er ihr regelmässig Briefe. Lange schrieb sie nicht zurück. Eines Tages aber lag ein kleiner Brief von Julia im Briefkasten.

Es ging ihr schlecht. Ihr Mann hatte auf einer Geschäftsreise ein Verhältnis mit einer neuen Frau angefangen und sich schliesslich von Julia scheiden lassen. Julia lebte nun mit den Kindern allein in einer alten Bruchbude und hatte kaum Geld. Die Unterstützungsbeiträge vom Fürsorgeamt reichten nirgends hin und ihr «Ex» war mit den Unterhaltszahlungen monatelang im Rückstand. «Schweren Herzens» habe sie sich deshalb entschieden, John um ein bisschen Geld anzugehen.

Zuerst tat es ihm weh, einmal mehr einfach als Notnagel ausgenutzt zu werden. Doch John hielt an seinem Entschluss fest, für Julia da zu sein. Er schickte ihr nicht nur Geld, sondern bot ihr auch an, in ihre Nähe zu ziehen und für ihre Kinder zu sorgen. Er war bereit, sein eigenes Leben zugunsten von Julia zu verändern. Julia schätzte diese Hilfe sehr und nahm John's Angebot auch an. Dennoch machte sie keinerlei Anstalten, John's sanftes Werben um eine tiefere Beziehung zu erwidern.

John hatte am «Kinderhüte-Job» für Julia viel Freude. Natürlich war da immer noch der Wunsch, dass Julia seine Liebe einmal erwidern würde. Aber er drängte nicht. Er wollte einfach da sein. Julia würde irgendwann erkennen, wer sie wirklich liebt. Trotz der Fürsorge von John änderte sich im Leben von Julia wenig. Ein Mann folgte dem anderen. Sehnsüchtig nach Liebe, schien ihr John doch nicht das geben zu können, was sie sich wünschte. John machte eine harte Zeit durch. Die wechselnden Männerbeziehungen Julias und ihre bleibende Unzufriedenheit nagten an ihm. Doch was sollte er mehr tun?

Früh am Morgen war John wieder einmal auf dem Weg zu Julias Haus. Er wollte die Kinder abholen und einen schönen Tag mit ihnen verbringen. Doch schon von weitem sah er, dass etwas nicht stimmte. Durch die Fenster von Julia's Haus sah man Feuer und aus dem Dach quoll dichter Rauch. Niemand schien es bisher bemerkt zu haben. Er alarmierte die Feuerwehr und ging ins Haus. Julia und die Kinder mussten noch drin sein. Der Rauch raubte ihm beinahe den Atem. Flammen schlugen ihm entgegen. Schon bald fand er die Kleinen. Wie durch ein Wunder hatten Feuer und Rauch deren Zimmer verschont. Er packte sie und brachte sie ins Freie.

Mittlerweile brannte das ganze Haus. Wo aber war Julia? John ging nochmals ins Haus und stürzte sich durch das lodernde Feuer die Treppen hinauf. Oben angekommen, brach sie hinter ihm zusammen. Wo war Julia? Er kämpfte sich von Zimmer zu Zimmer und fand sie endlich bewusstlos. Über die Treppe konnte er nicht zurück. Es blieb nur wenig Zeit. Die Feuerwehr war eingetroffen und hatte eine Leiter ausgefahren. Mit letzter Kraft hievte John Julia auf die Leiter. Sie war gerettet. Ein Balken brach ein. Das Dach brach über John zusammen. Er hatte es zwar geschafft Julia zu retten, kam aber selber in den Flammen um. Er hatte sie geliebt bis in den Tod.

Julia kam kurze Zeit später zu Bewusstsein. Sie fragte nach den Kindern und hörte, dass John alle gerettet hatte. Nun war er tot. Nie hatte er sich bei ihr beklagt oder sie beschuldigt. Er hatte sie geliebt, obwohl sie immer nur an seinen Gaben interessiert war. Und jetzt hatte er sogar sein Leben gegeben. Scham und Trauer überkam sie. Nie würde sie seine Liebe erwidern können. Es war zu spät.

David Graf

Teil 1:
Gott, die Liebe und wir

«Ihr Lieben,
lasst uns einander liebhaben;
denn die Liebe ist von Gott,
und wer liebt,
der ist von Gott geboren
und kennt Gott.»

1. Johannesbrief 4,7

Kapitel 1
Wo liegt die Quelle der Liebe?

Die einleitende Geschichte von John und Julia wirft einige Fragen auf. Was könnte John bewegt haben, Julia zu lieben? Weshalb gab er nicht auf – auch dann nicht, als seine Liebe nicht erwidert wurde? Wie konnte er zugunsten von Julia auf die Verwirklichung seiner eigenen Bedürfnisse verzichten? Weshalb akzeptiert Julia die Liebe Johns nicht?

Was ist «Liebe» eigentlich? Das Wort «Liebe» ist in aller Munde. Liebeslieder, Liebesfilme, Liebesromane, Liebeserklärungen... Wir können es schon fast nicht mehr hören. Jeder meint das Wort zu verstehen. Was meint «Liebe» wirklich?

Ist es im Sinn von «Liebe machen» das sexuelle Zusammensein von Menschen? Ist es das wohlwollende, Harmonie suchende «lieb sein» ohne Profil? Ist «Liebe» einfach ein starkes Gefühl, ein zu etwas oder jemandem hingezogen werden? Ist «wahre Liebe» nur dort, wo die Leidenschaft brodelt? Oder fassen wir unter Liebe einfach all das zusammen, was uns Spass macht – im Sinne von: «Ich liebe Fussball spielen» oder «ich liebe meine Arbeit»? Hat Liebe etwas mit «Gutes tun» zu tun? Ist Liebe nur etwas für Leute mit einem besonderen Gen – für solche «John-Typen», denen es nichts ausmacht, den ganzen Tag nur an andere zu denken? Ist Liebe und Freundschaft dasselbe? Wie ordnen wir Mutter-Liebe ein und was ist der Job des Vaters? Was meint Liebe wirklich?

Weiss nicht jeder von uns, dass Liebe tiefer geht? Spüren wir nicht alle in uns drin, dass in diesem Wort all das mitschwingt, was unser Verhalten zur Aussenwelt prägen sollte und wir zugleich für uns selbst wünschen. Hängt nicht mit unserer offensichtlichen Beschränktheit, Liebe zu üben, der Begriff «Schuld» zusammen?

In «Liebe» ist auch all das enthalten, wonach wir uns sehnen – uns wünschen – ja sogar brauchen. Geliebt zu werden ist ein Grundbedürfnis des Menschen. Wer nicht geliebt wird, geht zugrunde. Nicht zuletzt ist Liebe auch ein Grundbegriff für Freiheit. Liebe vergewaltigt nie, sondern wirbt mit Respekt, sich hingeben zu dürfen. Erst aus Liebe entsteht Wertschätzung.

All das führt uns zu Feststellung, dass das Leben und die Liebe untrennbar miteinander verbunden sind. Gerade deshalb erstaunt es, wie schwer wir diesen Begriff «Liebe» in Worte fassen können. Unsere Umschreibungsversuche sind schwammig, vielleicht romantisch, aber wenig konkret.

Wir reden oft von Liebe – aber in unserer gegenwärtigen Zeit scheint sie eher auszusterben. Das zeigt sich zum Beispiel bei jenen 50% von Ehepaaren, die sich nach ihrem ewigen Liebesschwur wieder vor dem Scheidungsrichter treffen. Oder denken wir an die Hebammen, die heute auch Abtreibungsfachfrauen sein sollen. Es gab noch nie so viele Nahrungsmittel und Hungertote auf der Welt. Die Anzahl der Turnhallen und verwahrlosten Kinder wächst. Gleicht unser modernes Leben nicht immer mehr einer künstlich gezüchteten Erdbeere, schöner und grösser als je, aber ohne Geschmack. Wo ist die Liebe geblieben?

Liegt es etwa daran, dass wir zwar das Leben biologisch und gesellschaftlich immer wissenschaftlicher ergründen, das Leben aber selbst immer weniger verstehen und damit auch den Gegenstand, der dieses Leben ausmacht – die Liebe?

Gemäss gängiger Evolutionstheorie soll sich die Liebe ja auch wie alles andere über das endlose Selbstoptimierungsverfahren der Natur entwickelt haben. So etwa nach dem Motto: Wer liebt, kommt weiter im Leben. Wem das nicht stichhaltig genug ist, kann sich auf die Mutterliebe berufen. Seit es Mütter gibt, kennen wir deren Liebe zu ihren Kindern. Aber wo haben die Mütter lieben gelernt?

Gott ist die Liebe

Auf der Suche nach der Herkunft der Liebe ist für mich die Erklärung des Apostel Johannes nach wie vor die Stichhaltigste. Er schreibt in seinem ersten Brief:

> *1. Johannesbrief 4,16*
> *Und wir haben erkannt und geglaubt die Liebe, die Gott zu uns hat; Gott ist Liebe...*

In dieser Aussage erklärt uns Johannes zwei Dinge: 1. Er hat die Liebe gefunden und sich entschlossen, sich dieser Liebe anzuvertrauen. 2. Die Liebe kommt von Gott.

Die Aussage, dass er beim Gott der Bibel Liebe fand, ist nicht selbstverständlich. Wo sonst finden wir einen Gott, der liebt? Ist Allah zum Beispiel ein Gott der Liebe? Findet sich ein liebender Gott bei den Ägyptern, Babyloniern, Persern, Griechen, Römern, Germanen, Hindus oder im Buddhismus? Ist Manitu ein Gott der Liebe. Weshalb soll gerade der Gott der Bibel lieben? Johannes gibt selbst die Erklärung: Gott ist Liebe!

Wie kam Johannes zu dieser Erkenntnis? Nun – er lebte jahrelang in engster Nähe mit Jesus Christus, dem Sohn dieses Gottes. Und dieses Leben hat Johannes überzeugt. Aber was wurde Johannes in dieser Begegnung mit Jesus Christus klar? Er hat begriffen, dass wer Jesus Christus begegnet, Gott, dem Vater, begegnet. Johannes bringt das zu Beginn seines 1. Briefes deutlich zum Ausdruck:

> *1. Johannesbrief 1,1+2*
> *Was von Anfang an war, was wir gehört haben, was wir gesehen haben mit unsern Augen, was wir betrachtet haben und unsre Hände betastet haben, vom Wort des Lebens – und das Leben ist erschienen, und wir haben gesehen und bezeugen und verkündigen euch das Leben, das ewig ist, das beim Vater war und uns erschienen ist ...*

Dieses Leben von und mit Jesus Christus brachte Johannes zur Überzeugung: Gott ist die Liebe, Gott führt ans Ziel des Lebens, Gott führt zur Freude und zur Erfüllung, Gott ist der Ursprung allen Lebens, Gott ist die Bestimmung unseres Lebens und Gott ist die Liebe. Deshalb vertraute Johannes diesem Gott sein ganzes Leben an.

Wo zeigt sich Gottes Handeln und erkennen wir in seinen Taten Liebe?

Mit der Aussage «Gott ist Liebe» wird klar, dass die Liebe nicht nur eine Eigenschaft Gottes ist – neben vielen anderen – sondern die Zusammenfassung all seiner Wesenszüge. Alles was wir von Gott wissen oder erleben müssten demzufolge Ausprägungen dieser Charakterzusammenfassung sein.

Was aber können wir denn von Gott erkennen? Und wenn wir etwas von Gott erkennen – sind das wirklich immer Liebestaten? Ist Gottes Handeln gut – auch wenn er straft oder richtet? Führt er wirklich zur Freude und Erfüllung? Wo offenbart sich Gott denn eigentlich?

Gott offenbart sich in seiner Schöpfung
Im Römerbrief sagt Paulus, dass wir aus der Schöpfung zwei zentrale Elemente Gottes erkennen können. Nämlich seine Fähigkeit (Allwissenheit, Allmacht) und seine Wesensmässigkeit – eben seine Liebe:

> *Römerbrief 1,20*
> *Denn Gottes unsichtbares Wesen, das ist seine ewige Kraft und Gottheit, wird seit der Schöpfung der Welt ersehen aus seinen Werken, wenn man sie wahrnimmt, so dass sie keine Entschuldigung haben.*

Die nähere Betrachtung unserer Welt und des Universums soll also ein Paradebeispiel für liebevolles Handeln sein. Das galt sicher bis zu jenem Zeitpunkt, als Adam und Eva sich entschieden, eine Parallelwelt des Egoismus aufzubauen. Aber auch in der «gefallenen» Schöpfung ist immer noch erkenntlich, was und wie Gott die Erde als Ausdruck seiner Liebe angelegt hat – vor allem bestrebt, den Menschen zu beglücken.

In allem was Gott schuf, ist seine Harmonie und Ordnung aber auch seine fröhliche Fantasie an Farben, Formen und Verhaltensweisen ersichtlich. Noch heute sind Heere von Biologen und Zoologen damit beschäftigt, die Geheimnisse unserer Natur staunend zu durchdringen. Welch kreative Kraft und Vielfalt kommt in dem allem zum Ausdruck.

Weiter sind da unsere Sinne wie Geschmack, Gehör, Geruch, das Sehvermögen usw. Die modernen Astronauten haben bewiesen, dass der Mensch auch mit grauer, geschmackloser Nahrung überleben kann. Aber Gott schuf eine Vielzahl von köstlichen Nahrungsmitteln. Die meisten Lebewesen sehen nur schwarz-weiss und funktionieren auch – wir sehen alles in Farbe. Musik ist keineswegs lebensnotwendig – aber unendlich schön. Die Erfrischung eines Bades in der Hitze, die Vielzahl von Düften und nicht zuletzt das beglückende körperliche Zusammensein zweier Menschen – all das ist nicht nur auf Funktion angelegt – Gott will uns Freude geben.

Damit aber nicht genug. Gott hat den Menschen in den Mittelpunkt seiner Schöpfung gesetzt und ihn mit Aufgaben versehen und ihn in eine Gemeinschaft der Liebe gestellt. Gott hat dem menschlichen Leben Sinn gegeben. Damit wird klar: Die Schöpfung zeigt einen starken, fähigen Gott der seinen Geschöpfen Gutes geben will – sie eben liebt.

Gott sucht den Menschen und sendet seinen Sohn
Ein weiteres Indiz für die Art und Qualität der Liebe Gottes finden wir ebenfalls im anfänglichen Paradies. Gott lies dem Menschen von Anbeginn den freien Willen, sich für oder gegen die Gemeinschaft mit ihm zu stellen. Als Adam und Eva sich zum Schritt weg von Gott und hin zur Selbstverwirklichung und Selbstbefriedigung entschieden, liess er das zu. Aber er gab den Menschen damit nicht einfach auf. Er suchte und sucht Menschen weiter, um sie in die liebende Gemeinschaft mit ihm zurückzuführen. So bereits im Paradies, als sich Adam und Eva vor Scham vor Gott versteckten, kam Gott und suchte den Menschen:

1. Mosebuch 3,9
Da rief Gott der HERR dem Menschen und sprach:
Wo bist du?

Diesen Ruf nach den verlorenen Menschen finden wir auch bei Hiob:

Hiob 33,14-18
Sondern Gott redet einmal und zum zweitenmal, aber man beachtet es nicht. Im Traum, im Nachtgesicht, wenn tiefer

Schlaf die Menschen befällt und sie in ihren Betten schlafen, da öffnet er das Ohr der Menschen und besiegelt seine Warnung an sie, damit der Mensch von seinem Tun abstehe und er den Mann vor Übermut beschütze, dass er seine Seele von der Grube zurückhalte, und sein Leben, dass er nicht renne ins Geschoss.

Dieses Suchen, Werben, Erretten wollen Gottes findet seinen Höhepunkt in der Sendung seines Sohnes Jesus Christus in die Welt.

Johannes Evangelium 3,16
Denn Gott hat die Welt so geliebt, dass er seinen eingeborenen Sohn gab, damit jeder, der an ihn glaubt, nicht verloren gehe, sondern ewiges Leben habe.

Hebräerbrief 1,1
Nachdem Gott vor Zeiten manchmal und auf mancherlei Weise zu den Vätern geredet hat durch die Propheten, hat er zuletzt in diesen Tagen zu uns geredet durch den Sohn,

1 Johannesbrief 4,9
Darin ist erschienen die Liebe Gottes unter uns, dass Gott seinen eingebornen Sohn gesandt hat in die Welt, damit wir durch ihn leben sollen.

1 Johannesbrief 4,10
Darin besteht die Liebe: nicht, dass wir Gott geliebt haben, sondern dass er uns geliebt hat und gesandt seinen Sohn zur Versöhnung für unsre Sünden.

Gott erwählte Israel um an diesem Volk seine Liebe zu zeigen

Wie zeigt Gott an diesem Volk, dass er aus ursprünglich Kleinem und Unbedeutendem Grosses machen kann. Er hat sich das Volk Israel ausgewählt um an diesem kleinen Volk seine Liebe zu erzeigen. Und welch eine Geschichte hat dieses Volk, die bis in die Gegenwart reicht und noch nicht abgeschlossen ist! Der Grund seines Handelns mit Israel – trotz der immer wieder aufkommenden Ablehnung – erklärt Gott in seinem Wort an verschiedenen Stellen:

5. Mosebuch 7,8
...sondern weil der HERR euch liebte und weil er den Eid halten wollte, den er euren Vätern geschworen, darum hat der HERR euch mit mächtiger Hand ausgeführt und dich von dem Diensthause aus der Hand des Pharao, des Königs von Ägypten, erlöst.

Jeremia 3,19
Und ich dachte: Wie will ich dich halten, als wärst du mein Sohn, und dir das liebe Land geben, den allerschönsten Besitz unter den Völkern! Und ich dachte, du würdest mich dann «Lieber Vater» nennen und nicht von mir weichen.

Jeremia 31,3
Von ferne her ist der HERR mir erschienen: Mit ewiger Liebe habe ich dich geliebt; darum habe ich dir meine Gnade so lange bewahrt!

Die Bibel – der Liebesbrief Gottes

Und natürlich offenbart sich Gott mit seiner Liebe in seinem Wort – der Bibel. Gerade dieses Buch ist ein markanter Beweis der Liebe Gottes. Denn abgesehen davon, dass wir darin Gott als Persönlichkeit selbst kennen lernen können, sind in diesem Buch – wie in keinem anderen – konkrete Anweisungen eines liebevollen Handelns enthalten. Das beginnt bei den zehn Geboten, geht über zu den Psalmen Davids und Sprüchen Salomos und findet seinen Höhepunkt in der Bergpredigt Jesu und seinen Anweisungen zum Leben.

**Der erlöste Mensch –
Tempel Gottes und Botschafter der Liebe**

Die stärkste Beweiskraft seiner Liebe hat Gott sich aber für seine Erlösten, für die christliche Gemeinde, vorbehalten. Er nimmt Wohnung in den Herzen der Menschen. Und immer dann, wenn er in einem Menschenleben regieren kann, kommt seine Herrlichkeit, seine Liebe zum Vorschein. Deshalb hat er auch dem Einzelnen – wie auch der Gemeinde als wichtigstes Gebot verordnet, zu lieben:

> *1. Johannesbrief 4,12*
> *Niemand hat Gott jemals gesehen. Wenn wir uns untereinander lieben, so bleibt Gott in uns, und seine Liebe ist in uns vollkommen.*
>
> *Johannesevangelium 13,34+35*
> *Ein neues Gebot gebe ich euch, dass ihr einander liebet; dass, wie ich euch geliebt habe, auch ihr einander liebet. Daran wird jedermann erkennen, dass ihr meine Jünger seid, wenn ihr Liebe untereinander habt.*

Wie weit geht die Liebe Gottes?

Gott lebt und liebt. Er hat sein Wesen der Liebe jederzeit und überall gezeigt und bewiesen. Gott ist Liebe. Wie weit geht aber diese Liebe?

Ist Gott Liebe, ist die Liebe nicht nur ein Teil seines Charakters, sondern die Zusammenfassung seiner ganzen Person, gibt es weder Raum noch Zeit, in der diese Liebe nicht wirkt. Das heisst: Gott liebt immer. Es gibt keinen Moment und keinen Ort wo Gott nicht dem Ziel nachlebt, seinen Geliebten zum Guten zu verhelfen. Mehr noch: Wo Gott jederzeit und überall das Gute will, wird dieses auch

Realität. Denn Gott ist auch allwissend und allmächtig – als Einziger.

Gottes Souveränität geht aber dabei nicht zu Lasten der Liebe, die respektvoll den freien Willen des Geliebten akzeptiert. Dieses Durchdrungensein von der Liebe und des damit verbundenen Herbeiführens des Guten führt Gott dazu, dass er sich kompromisslos von allem Bösen trennt. Diese Trennung äussert sich zuletzt im zweiten Tod, der ewigen Verbannung in der Hölle für jene die nicht in der Liebe Gottes leben wollen.

> *2. Korintherbrief 6,17+18*
> *Darum «geht aus von ihnen und sondert euch ab», spricht der Herr; «und rührt nichts Unreines an, so will ich euch annehmen und euer Vater sein, und ihr sollt meine Söhne und Töchter sein», spricht der allmächtige Herr*
>
> *Offbarung 21,8*
> *Die Feigen aber und Ungläubigen und Frevler und Mörder und Unzüchtigen und Zauberer und Götzendiener und alle Lügner, deren Teil wird in dem Pfuhl sein, der mit Feuer und Schwefel brennt; das ist der zweite Tod.*
>
> *Offbarung 11,17*
> *und sprachen: Wir danken dir, Herr, allmächtiger Gott, der du bist und der du warst, dass du an dich genommen hast deine grosse Macht und herrschest!*

Gottes Liebe gibt dem Menschen die Möglichkeit, sich für oder gegen ihn und seine Liebe zu entscheiden. Gottes Liebe ist es aber auch, die nicht zulässt, dass Böses Raum gewinnt. Entscheiden wir uns gegen das Gute, werden wir zu Feinden Gottes. Dann trifft uns dieselbe Liebe Gottes wie ein alles zerschlagender Hammer. Darin liegt die Heiligkeit der Liebe

Gottes. Er liebt völlig, er sucht das Gute völlig, er sucht den verlorenen Menschen völlig, er begnadigt völlig, er bekämpft das Böse völlig, er verdammt völlig.

In seiner Liebe sucht er uns unter Aufbringung aller seiner Möglichkeiten um uns in seine Liebe zurück zu gewinnen. Er gibt sogar seinen Sohn hin. Wollen wir dieses Angebot aber nicht annehmen, haben wir die Konsequenzen zu tragen. Wir können nicht unseren Egoismus weiter leben und mit Gott und seiner Güte kooperieren wollen.

Gott ist in seiner Liebe von jeder Bosheit unangetastet und abgetrennt. In seinen Taten ist keine Spur von Eigennutz oder berechnender Selbstsucht. Er lebt wirklich in absoluter Freiheit – jener Freiheit, die rechtzeitig am richtigen Ort das Richtige, Gute tut. Diese wunderbare, heilige und vollkommene Liebe macht auch die Herrlichkeit Gottes aus. Wo er Herr wird und handeln kann, blüht Verwelktes neu auf, wird Totes lebendig, wird aus der Wüste ein Paradies.

> *Psalm 145,13*
> *Dein Reich ist ein ewiges Reich, und deine Herrschaft währet für und für. Der HERR ist getreu in all seinen Worten und gnädig in allen seinen Werken.*

Gottes Liebe fordert eine Reaktion

Damit kommen wir zurück zum Ausgangstext dieses Kapitels zurück:

> *1. Johannesbrief 4,16*
> *Und wir haben erkannt und geglaubt die Liebe, die Gott zu uns hat; Gott ist Liebe...*

Ja, man kann Gott und seine Liebe erkennen. Ja, man kann Zielsetzung und Motivation des Handeln Gottes feststellen. Was er tut, wo er interveniert, wenn er schweigt, wo er Gericht hereinbrechen lässt, wenn er Wunder tut, wo er hilft – immer ist sein tiefster und eigentlicher Beweggrund die Liebe. Gott sucht jederzeit und überall das Gute für andere.

Gott ist wirklich Liebe. Diese grosse Liebe Gottes, dieser Wunsch von ihm, uns ganz glücklich zu machen, für uns völlig das Gute Realität werden zu lassen, fordert von uns eine Reaktion: Glaube und Vertrauen. Wenn jemand sich so voll und ganz mit all seinen Ressourcen für uns einsetzt, hat er wirklich unser Vertrauen und unsere Hochachtung verdient – mehr noch – unsere absolute Zuwendung und Hingabe des ganzen Lebens – unser Herz. Er hat es verdient, dass wir mit ihm leben wollen – immer – ewig. Genau das hat Johannes verstanden und getan.

Kapitel 2

Die Bedeutung der Liebe – ein Überblick

Natürlich versteht jeder Bibelleser, dass die Bedeutung der Liebe im biblischen Kontext gross ist. Besteht da aber nicht die Gefahr der Überbetonung, wenn da Gottes Wesen, Denken und Handeln rein auf die Liebe fokussiert wird? Liebe ist wichtig. Ist sie aber wirklich das wichtigste Thema der Bibel? Ist die Liebe wirklich der Schlüssel zum Verständnis Gottes und seines Wortes? Was sagt die Bibel selbst zur Liebe?

Die Liebe ist das Wichtigste

> *1. Johannesbrief 4,8*
> *Wer nicht liebt, der kennt Gott nicht; denn Gott ist die Liebe.*

Wer Gott erkennen will, muss lieben. Wer nicht liebt, kennt Gott nicht. Liebe ist aus biblischer Optik zentraler Inhalt und Kraft des Universums. Das deshalb, weil Gott, der Schöpfer, die Liebe als die Zusammenfassung seines Wesens beschreibt. Alles was er schuf, ist dieser Liebe entsprungen und von ihr gekennzeichnet.

Jesus Christus bestätigt die Bedeutung der Liebe als zentralen Orientierungspunkt für das menschliche Leben schlechthin. Auf die Frage eines Pharisäers nach dem höchsten Gebot antwortete er:

> *Matthäusevangelium 22,37-40*
> *«Du sollst den Herrn, deinen Gott, lieben von ganzem Herzen, von ganzer Seele und von ganzem Gemüt». Dies ist das höchste und grösste Gebot. Das andere aber ist dem gleich: «Du sollst deinen Nächsten lieben wie dich selbst». In diesen beiden Geboten hängt das ganze Gesetz und die Propheten.*

Auch Paulus unterstreicht in seinem Schreiben an seinen geistlichen Ziehsohn Timotheus die zentrale Bedeutung der Liebe:

> *1. Timotheusbrief 1,5*
> *Die Hauptsumme aller Unterweisung aber ist Liebe aus reinem Herzen und aus gutem Gewissen und aus ungefärbtem Glauben.*

Und nicht zuletzt mündet das «Hohelied der Liebe» mit der Feststellung:

> *1. Korintherbrief 13,13*
> *Nun aber bleiben Glaube, Hoffnung, Liebe, diese drei; aber die Liebe ist die grösste unter ihnen.*

Gottes Zielsetzung für den Menschen ist Liebe

Entsprechend seinem Wesen war es bereits vor der Ausführung der Schöpfung Gottes Grundmotivation, den Menschen vollständig und unbeeinträchtigt zum Gegenstand seiner Liebe zu machen.

> *Epheserbrief 1,4*
> *Denn in ihm hat er uns erwählt, ehe der Welt Grund gelegt war, dass wir heilig und untadelig vor ihm sein sollten; in seiner Liebe.*

In der Vereinigung zwischen Gott und Mensch kommt es auch zur Entfaltung der vollständigen Liebe Gottes, die der Mensch erwidern kann. Diese gegenseitige Liebesbeziehung ist das Ziel Gottes schlechthin. Vor allem im Sachverhalt der Wiedergeburt, im Zuge derer Gott im Herzen des Menschen Wohnung nimmt, kommt diese Verbindung zum Ausdruck:

> *Epheserbrief 3,17*
> *...dass Christus durch den Glauben in euren Herzen wohne und ihr in der Liebe eingewurzelt und gegründet seid.*

Die Liebe ist das zentrale Thema von Jesus Christus

Jesus Christus selbst hat in seinen Äußerungen keinen Zweifel gelassen, was er sich für seine Jünger und Geschwister wünscht:

> *Joh 15,12*
> *Das ist mein Gebot, dass ihr euch untereinander liebt, wie ich euch liebe.*

> *Joh 17,26*
> *Und ich habe ihnen deinen Namen kundgetan und werde ihn kundtun, damit die Liebe, mit der du mich liebst, in ihnen sei und ich in ihnen.*

Ziel, Inhalt und Erfüllung unseres Lebens ist Liebe

Die Gesetze Gottes sind nicht die Anweisungen eines herrschsüchtigen und willkürlichen Gottes sondern konkrete Anweisungen, die uns ans Ziel unseres Menschseins führen. Deshalb ist die Liebe die eigentliche Grundsubstanz der Gesetze Gottes:

Römerbrief 13,10
...So ist nun die Liebe des Gesetzes Erfüllung.

Auch unser Gottesdienst mit all den Facetten, Gaben und Möglichkeiten soll nach Gottes Wollen nur einer grossen Zielsetzung dienen – der Liebe:

1. Korintherbrief 13,1-3
Wenn ich mit Menschen- und mit Engelzungen redete und hätte die Liebe nicht, so wäre ich ein tönendes Erz oder eine klingende Schelle. Und wenn ich prophetisch reden könnte und wüsste alle Geheimnisse und alle Erkenntnis und hätte allen Glauben, so dass ich Berge versetzen könnte, und hätte die Liebe nicht, so wäre ich nichts. Und wenn ich alle meine Habe den Armen gäbe und liesse meinen Leib verbrennen, und hätte die Liebe nicht, so wäre mir's nichts nütze.

1. Korintherbrief 16,14
Alle eure Dinge lasst in der Liebe geschehen!

Und wer Gottes Liebe in rechter Art erwidern will, kann das nicht in blosser Orthodoxie oder in buchstabengetreuer Gesetzestreue leben, sondern bedarf der Liebe:

Galaterbrief 5,6
Denn in Christus Jesus gilt weder Beschneidung noch Unbeschnittensein etwas, sondern der Glaube, der durch die Liebe tätig ist.

Nicht zuletzt ist der rechte Motor für Mission und Verkündigung der frohen Botschaft nicht die Vergrösserung des

Einflussbereiches einer geistlichen Körperschaft oder Kirche, sondern das Wohlergehen der Menschen – die Liebe.

2. Korintherbrief 5,14
Denn die Liebe Christi drängt uns…

Damit wird deutlich, dass das Thema «Liebe» nicht eines von vielen Themen in der Bibel ist, sondern das Zentrale. Damit bestätigt sich auch die Aussage, dass die Liebe nicht einer von verschiedenen Wesenszügen Gottes ist, sondern die Zusammenfassung seiner ganzen Persönlichkeit.

Kapitel 3
Wie funktioniert «echte» Liebe?

Die Liebe als Brücke

Echte Liebe funktioniert wie eine Brücke zwischen zwei Enden, die sich selbst nicht berühren können. Am einen Ende ist der mangelhafte, unvollkommene Zustand des Geliebten (Ausgangspunkt der Liebe) und am anderen Ende der angestrebte, vollkommene Zustand (Ziel der Liebe). Genau in dieser Spannung setzt die Liebe ein.

Damit die Liebe diesen «Brückendienst» wahrnehmen kann, muss sie beide Enden kennen. Einerseits wo die Mängel, Nöte, Bedürfnisse des Geliebten liegen und andererseits wo sich die Vollständigkeit, das Gute, die Bestimmung, das Glück für den Geliebten befindet.

Das eindrücklichste Beispiel dieser Liebe, die als Brücke unüberwindbare Klüfte überwindet, ist die Menschwerdung Gottes in seinem Sohn Jesus Christus.

> *Philliperbrief 2,6-7*
> *Er, der in göttlicher Gestalt war, hielt es nicht für einen Raub, Gott gleich zu sein, sondern entäusserte sich selbst und nahm Knechtsgestalt an, ward den Menschen gleich und der Erscheinung nach als Mensch erkannt.*

Jesus Christus kennt als Gott das eine Ende – die völlige Gemeinschaft mit dem Vater von Angesicht zu Angesicht in vollkommener Harmonie gegenseitiger Liebe und Wertschätzung. Jesus kennt aber auch das andere Ende – als wahrer Mensch, von einer Frau geboren, in Windeln gewickelt, gekreuzigt und gestorben. Er hat erlebt, welches Denken und welche Kräfte die Erde prägen: Den Egoismus des Einzelnen und den umbarmherzigen Kampf um Selbstverwirklichung. In dem er beide Seiten kennt, hat er aber noch nicht eine Brücke der Liebe geschaffen. Das tat er durch sein Leben und seine Hingabe, die im Tod für uns Menschen gipfelte. Über diesen stellvertretenden Sühnetod trug er unsere Schuld und die damit verbundene Strafe und machte den Weg zurück zum Vater frei. Das ist Liebe.

> *Römerbrief 5,8*
> *Gott aber erweist seine Liebe zu uns darin, dass Christus für uns gestorben ist, als wir noch Sünder waren.*

Der Geliebte – Ziel und Erfüllung des Liebenden

Setzen wir uns mit der Liebe auseinander, verstehen wir relativ schnell, wie sie funktioniert und was sie bewirken will. Aber wo liegt die Motivation des Liebenden? Was ist der Motor dieses uneigennützigen Handelns? Woher kommt die Kraft dazu? Dass es völlig uneigennützige Liebe geben soll, ist für uns, vom Egoismus geprägte Menschen, schwer zu begreifen. Aus der Optik der modernen Psychologie gründet sowieso jede Initiative eines Menschen im Selbsterhaltungs- und Selbstverwirklichungs-Trieb und mündet in der Selbstbefriedigung. Das Ziel ist klar: Der Mensch sucht die Seeligkeit (jenen Zustand, in dem alle Bedürfnisse gestillt sind = Glück) und verschafft sich diese selbst. In diesem Sinne ist «Liebe» nur ein edler Weg, selbst ans Ziel zu kommen.

Im Gott der Bibel begegnet uns aber ein anderes Konzept. Gott handelt nicht eigennützig. Er liebt nicht mit Vorbedingungen oder Berechnung. Er liebt nicht weil er sich am Ende einen Mehrwert aus seinem Handeln erhofft, sondern weil er wirklich das Gegenüber im Fokus hat.

Damit stehen wir völlig unterschiedlichen Grundmotivationen gegenüber:

Das Ego-Konzept

> *Jeremia 18,11+12*
> *Darum sage nun den Männern Judas und den Einwohnern Jerusalems: So spricht der HERR: Sehet, ich bereite Unglück wider euch und nehme mir gegen euch etwas vor. Darum kehret um, ein jeder von seinem bösen Weg, und bessert eure Wege und eure Taten! Aber sie sagen: «Daraus wird nichts, denn nach unsern Ratschlägen wollen wir wandeln und wollen ein jeder nach der Verstocktheit seines bösen Herzens handeln!"*

Im Ego-Konzept ist der Einzelne bestrebt, sich selbst glücklich zu machen (Selbstbefriedigung). Diesem Ziel wird alles untergeordnet. Das Ego-Konzept kann einerseits ganz direkt ausgelebt werden, indem man offen seinen eigenen Vorteil sucht und sich all das holt, was einem vermeintlich glücklich macht. Das Ego-Konzept lässt sich aber auch subtiler über scheinbare Uneigennützigkeit verfolgen, dient aber genauso berechnend der eigenen Selbstverwirklichung und damit der Selbstbefriedigung.

Solcherlei «Scheinliebe» wird dann entlarvt, wenn sie zu wenig «Return of Investment» für den Agierenden einbringt: Das angestrebte Lob für den grossen Einsatz kommt nicht. Die gesuchte Gegenliebe bleibt aus. Immer dann, wenn Zuwendung an eine Gegenleistung geknüpft ist, ist diese «Liebe» oder Uneigennützigkeit eben doch eigennützig und damit Gegenstand der Strategie des Ego-Konzepts.

Erstmals wird in der Bibel das Ego-Konzept bei der Schilderung des Sündenfalls sichtbar. Adam und Eva standen vor der Wahl, ihre Bedürfnisse vom liebenden Gott befriedigen zu lassen oder von Gott getrennt sich selbst Befriedigung zu verschaffen. Solange sie mit Gott lebten, waren ihre Bedürfnisse befriedigt und sie konnten sich ihrerseits darum kümmern, die Bedürfnisse anderer zu befrieden. Aber sie entschieden sich für die Unabhängigkeit von Gott, mit dem Ziel, selbst Gott zu werden. Damit wählten sie das Ego-Konzept.

Die Liebe Gottes wich aus ihren Herzen und hinterlies ein riesiges Vakuum. Dieses Vakuum versucht der Mensch seit jenen Tagen durch eigenes Bemühen erfolglos auszugleichen. Über tausenderlei Formen von Beschäftigungen und Vergnügen jagt der Mensch ruhelos über die Erde. Er findet vielleicht da und dort Lustbefriedigung und in flüchtigen Momenten vielleicht sogar ein wenig Freude. Aber das sind nur unzulängliche Tropfen für die ausgedörrte Seele.

Dennoch ist es frappant, mit welcher Konsequenz die Welt – fratzenhaft verzerrt – ihr scheinbares Glück herausposaunt, während gleichzeitig Not und Elend allerorts durchschimmern. Und welches Glück meint denn die Welt zu haben, wenn sie wie Donald Duck in einem Tresor voller Geld und Gold baden könnte und doch einsam bleibt und nichts zum Guten bewegt.

Das Liebe-Konzept
Das Liebe-Konzept, dass wir bei der Betrachtung Gottes und seines Sohnes Jesus Christus kennen lernen, funktioniert anders. Wie werden wir hier mit einer Handlungsweise konfrontiert, die im klaren Gegensatz zum Ego-Konzept steht

und nicht in der Selbstbefriedigung das «Glücklichwerden» sucht, sondern in der reinen Ausrichtung auf den anderen und in der Befriedigung dessen Bedürfnisse. In diesem Konzept wird der Agierende glücklich, wenn der andere glücklich ist.

Gott selbst lebt dieses Konzept. Wenn wir seine Liebe näher betrachten, erkennen wir, dass seine Freude und Erfüllung in unserem Glück liegt. Er liebt, auch wenn wir nicht zurücklieben. Er liebt ohne Berechnung. Seine Freude ist dann vollkommen, wenn er in uns sein Ziel erreicht – nämlich unsere Seeligkeit. Und auch wenn wir uns Gott zuwenden und seine Liebe erwidern – führt das nur dazu, dass Gott seine Liebe an uns noch stärker zum Ausdruck bringen kann – er uns noch völliger glücklich machen kann. Er erwartet nichts zurück als die Möglichkeit, seine ganze Liebe an uns erweisen zu dürfen. Sein Glück ist vollkommen, wenn unser Glück vollkommen ist.

Ansatzweise können wir eine solche Liebe bei einer stillenden Mutter erleben, die gar nicht erwartet, dass das Kind irgendeine Gegenliebe an den Tag legt, sondern die einfach glücklich ist, wenn sie ihr Kind mit ihrem Eigenem so ernähren konnte, dass dieses glücklich und zufrieden ist.

Es liegt in der Natur des Menschen, dass er aus sich heraus dieses «Liebe-Konzept» – selbst bei grösster Anstrengung – nur sehr unvollständig leben kann. Der Mensch ist auf sich gestellt, nicht in der Lage, nur zu lieben. Er ist ein Egoist – oder anders gesagt – ein Sünder. Deshalb wird er aus sich heraus auch nicht nachhaltig glücklich. Im Gegenteil – nach jeder egoistischen Tat klagt das Gewissen stärker an und hinterlässt, wenn es nicht bereits abgestumpft ist, schuldbeladene Öde.

Wie kommt denn der Mensch dennoch ans Ziel, wenn nur uneigennützige Liebe glücklich macht, er aber zu dieser nicht fähig ist? Der Schlüssel zum Glück des Menschen liegt in der Gemeinschaft mit dem biblischen Gott der Liebe.

Geben wir Gott unser Herz und unser Leben, kommt er in unser Leben, nimmt der heilige Geist in uns Wohnung und wir werden der Liebe Gottes teilhaftig.

> *Römerbrief 5,5*
> *...denn die Liebe Gottes ist ausgegossen in unsre Herzen durch den heiligen Geist, welcher uns gegeben worden ist*

Mit dieser Liebe können wir andere um ihrer selbst willen, uneigennützig lieben und das gibt Freude – jene Freude, die uns wirklich glücklich macht. Oder anders gesagt: Wer mit Gottes Liebe liebt, braucht nur das Glück des Geliebten, um selbst glücklich zu werden. Können wir uns nicht wirklich am Glück des anderen freuen, erwarten wir etwas zurück, ist unsere Liebe eigennützig und damit subtiler Egoismus.

Wahre Liebe kennt keine Grenzen

Weil echte Liebe keine Erwartungen auf Gegenleistung hegt, kann sie sich verschwenden, kennt sie keine Grenzen – bis hin zur Feindesliebe. Mit dieser Liebe hat uns Gott geliebt, lange bevor wir uns ihm allenfalls zuwandten. Mit dieser Liebe kann ich meiner Umwelt Gutes suchen, ohne Erwartung auf Anerkennung oder Gegenliebe. Allein die Früchte meiner Liebe – das wachsende Glück der von mir Geliebten – wird mich für alle Mühen und alle Hingabe entschädigen.

Diese Gesinnung hat der biblische Gott der Liebe. Und in denjenigen Herzen, in denen er wohnen kann, weckt er dieselbe Liebe. Es ist diese uneigennützige Hingabe, die unsere Welt zum besseren verändert. Es ist diese Liebe, die wahre Freude schenkt.

Kapitel 4

Unsere Identität und Bestimmung – werden wie der Gott der Liebe

Die Liebe ist der Beweis in unseren Herzen, dass wir nicht alleine in einem leeren und kalten Universum sitzen. Sie weist uns darauf hin, dass da jemand ist, ein grosses Gegenüber, eine Persönlichkeit, die uns zieht, die uns herausfordert, die unsere tiefsten Lebensfragen betrifft: Wer bin ich? Wo komme ich her? Wo gehe ich hin? Was ist das Ziel meines Lebens?

Stellen wir uns diesen Fragen, genügen kosmische Kräfte, selbstgebastelte Götter oder naturwissenschaftlich angestrichene Thesen nicht als Antworten. Nein – wir wollen mehr wissen und verstehen – wir wollen Leben. Die Sehnsucht nach der wahren Liebe und echtem Leben treibt uns an, dieser göttlichen Person zu begegnen. Und das Grosse ist, dass diese Persönlichkeit, der Gott der Bibel uns in seinem Sohn Jesus Christus begegnen will und sich deshalb offenbart.

Wir haben bereits im zweiten Kapitel kurz betrachtet, dass Gott seine Liebe in der Schöpfung offenbart.

> *Römerbrief 1,20a*
> *Denn Gottes unsichtbares Wesen, das ist seine ewige Kraft und Gottheit, wird seit der Schöpfung der Welt ersehen aus seinen Werken...*

Wollen wir nicht nur den liebenden Gott erkennen, sondern tiefer im Verstehen unserer Identität und Bestimmung vordringen, bringt eine weitere Auseinandersetzung mit dem Schöpfungsbericht Aufschluss. Hier können wir feststellen, woher wir kommen, was wir sollen, was Gott tat und welche Beweggründe ihn handeln liessen.

Wie handelte Gott bei der Schöpfung?

Die Erde war wüst, leer und dunkel

> *1. Mosebuch 1,2a*
> *Und die Erde war wüst und leer, und es war finster auf der Tiefe...*

Bevor die Bibel mit der detaillierten Beschreibung der ersten Schöpfungstage beginnt, wird der Zustand der Erde geschildert. Sie ist wüst, leer und finster. Es gab kein Leben, keinen Inhalt, kein Licht.

So ist auch unser Leben ohne Gott. Wie der Planet Erde vor den Schöpfungstagen Gottes im Universum wüst, leer und dunkel war, existieren wir ohne Gottes Leben in unserem Herzen ebenso einfach dahin. Aber lässt nun Gott diese Erde so wüst, leer und dunkel? Nein! Er ist der Gott der Liebe. Diese Liebe wird in seinem Schöpfungsakt deutlich sichtbar.

Gott als Herr bringt durch sein Wort Licht und Leben

> *1. Mosebuch 1,3*
> *Und Gott sprach: Es werde Licht! Und es ward Licht.*

Gott spricht und es geschieht. Gott ist Herr. Er hat nicht an der Spitze eines basisdemokratischen Prozesses gehandelt, sondern die Führung übernommen. Und wozu benutzt Gott diese Herrschaft? Er bringt Licht, er bringt Ordnung, er bringt Leben. Seine Herrschaft wirkt zum Guten. Seine Herrschaft ist eine Initiative der Liebe.

Wie bringt er all das? Er spricht. Er bringt sein Wort. Ein Wort des Lichts. Und es wird Licht. Und in diesem Licht erhält alles sofort seine Ordnung und seinen Sinn. In diesem Licht kann man erkennen und verstehen. Auch im Neuen Testament bringt Gott sein «Wort des Lebens» und es wird Licht.

> *Johannesevangelium 1,1-4*
> *Im Anfang war das Wort, und das Wort war bei Gott, und Gott war das Wort. Dasselbe war im Anfang bei Gott. Alle Dinge sind durch dasselbe gemacht, und ohne dasselbe ist nichts gemacht, was gemacht ist. In ihm war das Leben, und das Leben war das Licht der Menschen.*

> *Johannesevangelium 1,14*
> *Und das Wort ward Fleisch und wohnte unter uns, und wir sahen seine Herrlichkeit, eine Herrlichkeit als des eingeborenen Sohnes vom Vater, voller Gnade und Wahrheit.*

Jesus Christus ist das von Gott gesandte Wort. Christus war die schöpfende Kraft Gottes am Anfang. In Christus ist das Leben. Und erst dieses Leben in Christus bringt uns das Licht.

> *Kolosserbrief 1,16+17*
> *Denn in ihm ist alles geschaffen, was im Himmel und auf Erden ist, das Sichtbare und das Unsichtbare, es seien Throne oder Herrschaften oder Mächte oder Gewalten; es ist alles durch ihn und zu ihm geschaffen. Und er ist vor allem, und es besteht alles in ihm.*

Christus ist das Mittel der Schöpfungskraft Gottes. In Christus ist alles geschaffen. Es ist alles für Christus geschaffen.

Er besteht alles durch Christus. Daraus wird erkenntlich, dass Gottes Handeln und Christi Handeln zusammengehören.

Es war sehr gut

> *1. Mosebuch 1,31*
> *Und Gott sah an alles, was er gemacht hatte,*
> *und siehe, es war sehr gut...*

Der Gott der Liebe schuf und wirkte sechs Tage. Das Resultat dieses liebenden Handelns fasst er selbst im obigen Vers zusammen: Es war alles sehr gut. In diesem «sehr gut» liegt keine Steigerungsmöglichkeit mehr. Es hat die höchste Qualität. Und diese Qualität wurde nicht nur in Teilbereichen erreicht. Gott sah an alles was er gemacht hatte. Die höchste Qualität wurde umfassend erreicht. Das ist wahre, göttliche Liebe, die mit einem «sehr gut in allen Bereichen» ans Ziel kommt.

Es war vollendet

> *1. Mosebuch 2,1*
> *So wurden vollendet Himmel und Erde mit*
> *ihrem ganzen Heer.*

Was Gott in der Schöpfung tat, war nicht nur geographisch und inhaltlich vollständig. Es war auch abschliessend. Er ist mit dieser Schöpfung zum Ende gekommen. Seine Schöpfung ist nicht ergänzungsbedürftig. Es muss nicht immer wieder neu etwas nachgereicht oder aufgefüllt werden. Die Schöpfung ist «voll – endet». Die Fülle ist realisiert und mehr braucht es nicht. Das Vollkommene ist völlig gekommen. Gott Vater und sein Sohn Jesus Christus sind mit der Schöpfung an ein vollkommenes, lebendiges Ziel angelangt.

Die Sehnsucht nach dieser göttliche Vollkommenheit, nach diesem Leben, ist in unsere Herzen gelegt. Und mit der Trennung von Gott haben wir uns auch aus dieser Vollkommenheit hinausbegeben und Mangel erlitten. Diesen Mangel an der Vollkommenheit Gottes und der Herrlichkeit seiner Herrschaft kennzeichnet jeden Menschen in seinem Leben, solange bis er in die Gemeinschaft mit Gott und seinem Sohn zurückkehrt.

> *Römerbrief 3,23*
> *Denn es ist kein Unterschied: Alle haben gesündigt und ermangeln der Herrlichkeit Gottes...*

Gleichzeitig wird darin aber auch sichtbar, dass wir eigentlich in diese Herrlichkeit Gottes, in seine Vollkommenheit, in seine vollendete Schöpfung hineingehörten, dass das Leben in dieser Vollendung unsere Bestimmung wäre.

Er kam zur Ruhe

> *1. Mosebuch 2,2*
> *Und so vollendete Gott am siebenten Tage seine Werke, die er machte, und ruhte am siebenten Tage von allen seinen Werken, die er gemacht hatte.*

In der Vollendung seiner Liebestaten kam Gott zur Ruhe. Alles, was ihm auf dem Herzen gelegen hatte, was ihm ein tiefes Bedürfnis gewesen war, brachte er vollendet zur Ausführung. Weil er zum guten Ende gekommen war, konnte er sich auch ausruhen. Es blieb nichts mehr zu tun. Es ist gut.

Gott möchte, dass auch wir zu dieser – seiner – Ruhe gelangen. Zu dieser Zufriedenheit, zu dieser tiefen Befriedigung all unserer Bedürfnisse sind wir berufen.

> *Hebräerbrief 4,1*
> *So lasst uns nun mit Furcht darauf achten, dass keiner von euch etwa zurückbleibe, solange die Verheissung noch besteht, dass wir zu seiner Ruhe kommen.*

Eine solche abschliessende Ruhe ist aber nur möglich, wenn Gottes Vollkommenheit und Vollendung in unser Leben Eingang findet. Dieser Eingang von Gottes wunderbarer Dimension in unser Leben wurde möglich, durch das Erlösungswerk Jesu Christi und kommt in der Wiedergeburt zur vollen Auswirkung. Die Wiedergeburt ist jener Akt, bei dem Gott in unserem Herz durch seinen Geist Wohnung nimmt, weil wir uns entschieden haben, auf sein Liebes-Angebot zu reagieren und künftig mit ihm leben zu wollen.

Wir sollen Gott gleich sein

Was hat nun die Betrachtung dieses ersten Kapitel der Bibel mit unserer Identität zu tun? Einerseits sind wir Teil dieser Meisterleistung der Schöpfung und damit Gegenstand dieses liebenden, fähigen und kreativen Schaffen Gottes. Wir sind damit auch Teil dieses Guten, zum Ende gebracht.

Aber beim Menschen ist Gott noch einen Schritt weiter gegangen als bei allen seinen Schöpfungstaten vorher. Er hat den ursprünglichen Menschen aus dem Staub der blossen Materie herausgehoben und in seine Dimension des Lebens hineingenommen.

> *1. Mosebuch 2,7*
> *Da machte Gott der HERR den Menschen aus Erde vom Acker und blies ihm den Odem des Lebens in seine Nase. Und so ward der Mensch ein lebendiges Wesen.*

Der Mensch ist aus Materie – er ist aus Erde des Ackers. Und käme da nicht der Odem des Lebens dazu, wären wir bloss Dreck. Aber dieser Lebensodem Gottes macht uns zu einem Wesen grösserer Ordnung. Damit wird auch klar, woher wir kommen: Gott hat uns nicht nur geschaffen, sondern wir gehören in tieferem Sinne zu Gott. Wir haben Anteil an seinem Leben erhalten. Das ist unsere Identität.

Ich bin als Appenzeller geboren und im Appenzellerland aufgewachsen. Meine Eltern sind Appenzeller. Demokratie und Förderalismus, Gleichheit der Menschen und Schutz der Minderheiten, Bescheidenheit und der Blick für den Nächsten waren nicht nur Schlagworte, sondern wurden mir praktisch vorgelebt. Ich bin aber nicht nur kulturell ein Appenzeller sondern stamme auch genetisch von Appenzellern, meinen Eltern, ab. Das Land mit seinen Bewohnern und noch tiefer meine Eltern sind meine Heimat und meine Identität. Viele können mich nicht verstehen, wenn ich von meiner Heimat, von meinen Eltern spreche und zu erklären versuche, wie viel sie mir bedeuten. Heute wohne ich im Aargau – in der Fremde. Hier sind andere Leute, eine andere Kultur und keine Eltern. Trotz dieser Fremde habe ich meine Heimat und meine Identität nicht vergessen.

Was für unsere menschliche Herkunft gilt, zählt noch viel mehr für unsere geistliche Identität. Wir können in der Gottesferne leben. Dennoch wissen wir eigentlich in unseren Herzen, dass wir in den Himmel gehören, dass wir von Gott abstammen und zu Gott gehören. Der Himmel ist unsere wirkliche Heimat und Gott ist mit seinem Leben und seinem Wesen unsere Identität.

Gott möchte, dass wir gleich sind wie er

> *1. Mosebuch 1,26*
> *Und Gott sprach: Lasset uns Menschen machen, ein Bild, das uns gleich sei…*

Bereits im ersten Kapitel der Bibel wird uns die Grösse von Gottes Gedanken über den Menschen offen dargelegt. Gott möchte, dass du und ich IHM gleich seien. Was meint Gott mit diesem «gleich sein» konkret?

Vor dem Sündenfall wird die Dimension dieses «gleich seins» noch nicht so deutlich, wie angesichts der Stellung, die jene Menschen vor Gott erhalten, die sich durch Jesus Christus mit dem himmlischen Vater versöhnen lassen. So zum Beispiel in Römerbrief 8,29 beschrieben:

> *Denn die er ausersehen hat, die hat er auch vorherbestimmt, dass sie gleich sein sollten dem Bild seines Sohnes, damit dieser der Erstgeborene sei unter vielen Brüdern.*

Weiter spricht das neue Testament davon, dass wir die Macht erhalten, «Gottes Kinder zu werden» (Johannesevangelium 1,12). Dass wir rufen können «Abba lieber Vater» (Römerbrief 8,15). Dass wir «Erben Gottes und Miterben Christi» sind (Römerbrief 8,17). Dass wir Gott sehen werden, wie er ist und ihm gleich sein werden:

> *1. Johannesbrief 3,2*
> *Meine Lieben, wir sind schon Gottes Kinder; es ist aber noch nicht offenbar geworden, was wir sein werden. Wir wissen aber: wenn es offenbar wird, werden wir ihm gleich sein; denn wir werden ihn sehen, wie er ist.*

Die Bibel zeigt uns, dass Christus, der selbst Gott ist, uns umgestalten will in sein Bild (Römerbrief 8,29) und sich nicht schämt, uns Brüder zu nennen:

Hebräerbrief 2,9-11
Den aber, der «eine kleine Zeit niedriger gewesen ist als die Engel», Jesus, sehen wir durch das Leiden des Todes «gekrönt mit Preis und Ehre»; denn durch Gottes Gnade sollte er für alle den Tod schmecken. Denn es ziemte sich für den, um dessentwillen alle Dinge sind und durch den alle Dinge sind, dass er den, der viele Söhne zur Herrlichkeit geführt hat, den Anfänger ihres Heils, durch Leiden vollendete. Denn weil sie alle von einem kommen, beide, der heiligt und die geheiligt werden, darum schämt er sich auch nicht, sie Brüder zu nennen ...

Dieses «gleich sein» mit Gott kommt auch darin zum Ausdruck, dass Gott davon spricht, dass er in unserem Herz Wohnung nehmen will. Je mehr wir uns Christus im Glauben anvertrauen, kann uns Christus in die Geheimnisse Gottes einführen – was nichts anderes bedeutet, als dass wir immer mehr in die Liebe Gottes eingeführt werden. Begreifen wir die Liebe Gottes, kommt die Fülle Gottes in unser Leben.

Epheserbrief 3,17-19
...dass Christus durch den Glauben in euren Herzen wohne und ihr in der Liebe eingewurzelt und gegründet seid. So könnt ihr mit allen Heiligen begreifen, welches die Breite und die Länge und die Höhe und die Tiefe ist, auch die Liebe Christi erkennen, die alle Erkenntnis übertrifft, damit ihr erfüllt werdet mit der ganzen Gottesfülle.

Damit schafft Gott ein neues Schöpfungswunder:

> **2. Korintherbrief 5,17**
> *Darum: Ist jemand in Christus, so ist er eine neue Kreatur; das Alte ist vergangen, siehe, Neues ist geworden.*

Die oben genanten Verse zeigen, dass Gott wieder ans Ziel kommt, dass was er schuf, wieder sehr gut ist und Vollendung und völlige Fülle bringt. Und wie Gott nach vollendetem Schöpfungswerk am Anfang der Welt zur Ruhe kam, werden auch jene, die sich mit Gott versöhnen lassen, aus Glauben diese Ruhe, diese Seeligkeit in Gott und seinem Sohn finden.

> **1. Petrusbrief 1,8+9**
> *Ihn habt ihr nicht gesehen und habt ihn doch lieb; und nun glaubt ihr an ihn, obwohl ihr ihn nicht seht; ihr werdet euch aber freuen mit unaussprechlicher und herrlicher Freude, wenn ihr das Ziel eures Glaubens erlangt, nämlich der Seelen Seligkeit.*

Gott gleich sein heisst, gleiche Liebe haben

„Gleich sein wie Gott» meint nicht, dass uns Gott die selbe Allmacht, Allwissenheit und Allgegenwart geben will, die ihn auszeichnet. Unsere Berufung liegt viel mehr darin, dass wir so umgestaltet werden in unserem Denken und Handeln, dass wir von der selben Liebe Gottes geprägt werden, wie sie Christus auszeichnet. Das kommt wahrscheinlich in der Stelle in 2. Petrusbrief 1,3+4 am besten zum Ausdruck, wo die Bibel davon spricht, dass wir an der Natur Gottes Anteil erhalten:

> **2. Petrusbrief 1,3+4**
> *Alles, was zum Leben und zur Frömmigkeit dient, hat uns seine göttliche Kraft geschenkt durch die Erkenntnis dessen,*

der uns berufen hat durch seine Herrlichkeit und Kraft. Durch sie sind uns die teuren und allergrössten Verheissungen geschenkt, damit ihr dadurch Anteil bekommt an der göttlichen Natur, die ihr entronnen seid der verderblichen Begierde in der Welt.

Die Natur Gottes, die Zusammenfassung seines Wesens, ist die Liebe. Gott ist die Liebe. Und seine grosse Vision für die Schöpfung von uns Menschen war und ist, dass wir ein Gegenüber, ein Ebenbild, ein «Gleiches» würden, dass er lieben kann und das auf die selbe Weise liebt, wie er – so wie es Christus bereits tat und damit der Erstgeborene unter vielen Brüdern wurde.

Gleich sein wie Gott, Leben mit IHM, lieben wie ER, erlöst und befreit sein durch Jesus Christus. Das ist unsere Bestimmung. Das ist das Ziel unseres Lebens. Darin finden wir unsere Erfüllung.

Epheserbrief 1,4
Denn in ihm hat er uns erwählt, ehe der Welt Grund gelegt war, dass wir heilig und untadelig vor ihm sein sollten; in seiner Liebe

1. Johannesbrief 4,7
Ihr Lieben, lasst uns einander liebhaben; denn die Liebe ist von Gott, und wer liebt, der ist von Gott geboren und kennt Gott.

Nicht lieben ist Sünde

In der Umkehr unserer Bestimmung zu lieben – im «Nichtliegen» – liegt die Schuld des von Gott abgewandten Menschen. Sünde (griechisch «hamartia») heisst eigentlich «das

Ziel verfehlen». Wer nicht liebt, verfehlt das Ziel, dass wir Menschen eigentlich hätten. Das Ziel können wir in zweifacher Hinsicht verfehlen.

Die Sünde: Zielverfehlung in der Beziehung zu Gott

Gott möchte mit dem Menschen in einer engen Beziehung leben. In dieser Beziehung möchte er all unsere Bedürfnisse stillen. Damit er das tun kann, braucht er unsere Liebe, unser Vertrauen. Wenn wir dieses Vertrauen Gott entziehen, begehen wir den Sündenfall. Diesen Sachverhalt bestätigt auch Jesus Christus bei der Vorankündigung des heiligen Geistes und dessen Aufgaben:

> *Joh 16,8-9*
> *Und wenn er kommt, wird er der Welt die Augen auftun über die Sünde und über die Gerechtigkeit und über das Gericht; über die Sünde: dass sie nicht an mich glauben...*

Dieses Grundvertrauen haben Adam und Eva Gott im Paradies entzogen. Sie sind aus der Beziehung hinausgetreten. Sie haben sich «scheiden» lassen. Alle ihre Nachfolger – und zu denen gehören auch wir – sind nun solche Scheidungskinder und damit ebenfalls getrennt von Gott. Die Trennung, die Adam und Eva von Gott vollzogen haben, ist zu uns allen durchgedrungen (Erbsünde).

Nun hat Gott zu jeder Zeit, jeden Einzelnen von uns aufgerufen, in diese ursprüngliche Gemeinschaft der Liebe zurückzukommen. Er hat die Schuld und dessen Konsequenz, den Tod (Trennung), stellvertretend für uns auf seinen Sohn gelegt, damit wir wieder zu Gott zurückkehren können.

Tun wir das nicht, bleiben wir von Gott getrennt, verweigern wir ihm ebenfalls das Vertrauen und damit die Liebe. Das Ablehnen des Lebens mit Gott ist die Sünde. Es ist nicht eine einzelne Tat, sondern eine Haltung. Die Ablehnung ist Ausdruck eines grundlegenden Beziehungsproblemes vom ablehnenden Menschen zu Gott.

So wie es sich bei der Sünde um eine grundsätzliche Ablehnung des Lebens mit Gott handelt, kann jemand, der mit Gott leben will und sein Herz Gott gegeben hat, eben nicht mehr grundsätzlich sündigen. Er hat kein Beziehungsproblem mehr mit Gott.

> *1. Johannesbrief 5,18*
> *Wir wissen, dass, wer von Gott geboren ist,*
> *der sündigt nicht.*

Sündigen: Zielverfehlung in einzelnen Taten

Im Gegensatz zur «Sünde» als Prinzip – ausgedrückt in der Verweigerung mit Gott zu leben, kann auch der wiedergeborene Christ durchaus in einzelnen Situationen sündigen – sprich «nicht lieben». Wir sündigen in Taten, wenn wir etwas, was wir tun sollten, nicht tun oder wenn wir etwas tun, was wir lassen sollten. Dabei spricht der heilige Geist zu unserem Gewissen und zeigt uns, was wir tun oder lassen sollten. Gehorchen wir dem Reden Gottes nicht, handeln wir gegen die Liebe und sündigen.

Liebesfähig werden in unserem Leben darin, dass wir mehr und mehr lernen, auf Gottes Reden durch den Geist zu unserem Gewissen zu hören. Dieses lernen auf Gott zu hören, ist eine Aufgabe, die uns zufällt:

> *Römerbrief 12,2*
> *Und stellt euch nicht dieser Welt gleich, sondern ändert euch durch Erneuerung eures Sinnes, damit ihr prüfen könnt, was Gottes Wille ist, nämlich das Gute und Wohlgefällige und Vollkommene.*

Dabei kommt uns Gott in doppelter Hinsicht entgegen. Er zeigt uns nicht nur, was in einer Situation das richtige Handeln wäre, sondern er gibt uns auch die Kraft, die Entscheidung auszuleben. Allein die Entscheidung, dem Wollen Gottes zuzustimmen, liegt bei uns:

Philliperbrief 2,13
Denn Gott ist's, der in euch wirkt beides, das Wollen und das Vollbringen, nach seinem Wohlgefallen.

Das Leben mit Gott ist wie in einer Ehe. Auch wenn die Ehe geschlossen wurde, kann es immer wieder zu Uneinigkeiten zwischen den Eheleuten kommen. Gibt es mal einen Streit, wird die Ehe an sich nicht geschieden. Die Beziehung bleibt aufrecht, wird jedoch inhaltlich getrübt. Je mehr sich die Ehepartner lieben, desto mehr werden sie zusammenfinden.

In der Beziehung mit Gott haben wir einen Beziehungspartner, der immer liebt. Nur wir wollen manchmal unseren eigenen, unguten Willen durchsetzen. Das führt nicht zu einer Trennung der Beziehung zwischen mir und Gott, kann diese aber trüben. Je mehr ich aber lerne, auf Gott zu hören und ihm zu vertrauen, desto enger wird unsere Liebesbeziehung werden.

Die Gebote Gottes – Wegweiser der Liebe

Johannesevangelium 14,15
Liebt ihr mich, so werdet ihr meine Gebote halten.

Weshalb haben die Gebote in der Bibel eine solch wichtige Bedeutung? Das liegt daran, dass sich nichts anderes sind als Wegweiser der Liebe. Sie schützen uns vor falschen Wegen oder fördern uns zum Guten.

Ich habe Menschen schon oft gefragt, weshalb sündige Taten schlecht seien. Meistens bekam ich die Antwort: «Weil Gott sie so bezeichnet hat». Das ist aber nur ein Teil der Wahrheit. Von Gott verurteiltes Handeln ist nicht nur verwerflich weil er es so bezeichnet hat, sondern weil es wirklich schlecht und böse ist. Sündigen schadet immer. Es ist nicht so, dass Gott uns gewisse eigentlich gute Dinge vorenthält und sie verbietet. Wenn er vor Taten und Handlungen warnt, ist es ein Bewahren vor Schaden und wenn er uns zu Taten und Handlungen ermutigt, ist es ein Fördern zum Guten.

Die Anweisung im Paradies, nicht von der Frucht vom Baum der Erkenntnis des Guten und Bösen zu essen, erfüllte genau diese Bedingung. Adam und Eva lebten mit Gott und kannten in absoluter Form das Gute. Was konnte also dieser Baum noch bringen, als nur das Böse? Und genau vor diesem Bösen wollte Gott Adam und Eva schützen. Im Gehorsam gegenüber diesem Gebot konnten Adam und Eva ihre Liebe und ihr Vertrauen Gott gegenüber zum Ausdruck bringen. Gleichzeitig konnte Gott über dieses Gebot Adam und Eva lieben – sprich vor dem Bösen bewahren.

Die Gebote Gottes im Alten Testament

Zur Zeit des Bundes mit Mose leitete Gott sein Volk über eine Reihe von Geboten. Diese Gebote regelten alle wichtigen Bereiche des Alltages und des zwischenmenschlichen Zusammenlebens. Im Halten der Gebote Gottes fand ein Mensch den Weg zu erfüllten Leben und konnte damit gleichzeitig die Liebe zu seinem Gott ausdrücken.

5. Mosebuch 11,1
So sollst du nun den HERRN, deinen Gott, lieben und sein Gesetz, seine Ordnungen, seine Rechte und seine Gebote halten dein Leben lang.

> *5. Mosebuch 11,8*
> *Darum sollt ihr alle die Gebote halten, die ich dir heute gebiete, auf dass ihr stark werdet, hineinzukommen und das Land einzunehmen, dahin ihr zieht, es einzunehmen,*

Gottes Leiten im neuen Testament

Im neuen Testament ist das Gesetz nicht aufgehoben, Gott will uns aber individueller über seinen Geist leiten, der uns über unser Gewissen persönlich zeigt, was in einer Situation bezüglich liebevollem Handeln dran ist oder nicht.

Dabei bleiben die Gebote Gottes zweierlei. Sie sind uns Helfer auf dem Weg zum Guten und gleichzeitig wird an ihnen Fehlverhalten sichtbar.

> *Römerbrief 7,7*
> *Was sollen wir denn nun sagen? Ist das Gesetz Sünde? Das sei ferne! Aber die Sünde erkannte ich nicht ausser durchs Gesetz. Denn ich wusste nichts von der Begierde, wenn das Gesetz nicht gesagt hätte (2. Mosebuch 20,17): «Du sollst nicht begehren!»*

Die Konsequenz der heiligen Liebe Gottes

Noch ein letzter Gedanke zur Bestimmung des Menschen. Der Mensch hat die Wahl, mit oder ohne Gott zu leben. Seine Bestimmung wäre es, in einer wunderbaren Gemeinschaft mit ihm zu leben. Aber nicht alle Menschen wollen das.

Letztlich werden sich die Menschen in zwei Kategorien aufteilen lassen. Diejenigen, die Gott als persönlichen Erlöser angenommen haben und durch das Opfer Christi gerecht gesprochen werden und die anderen – Bösen – die diese Erlösung nicht annahmen und deren Sünden bestehen bleiben.

Matthäusevangelium 13,49
So wird es auch am Ende der Welt gehen: Die Engel werden ausgehen und die Bösen von den Gerechten scheiden.

Die heilige Liebe Gottes hat nun gegenüber diesen beiden Menschengruppen völlig unterschiedliche Wirkungen. Das griechische Wort für «Heilig» meint abgetrennt, abgesondert. Eine heilige Liebe ist eine Liebe, die ungetrübt, unbeschränkt, unbeeinträchtigt, pur, hundertprozentig, rein, voll und ganz liebt. Das heisst, dass die Liebe Gottes nicht aufhört, nicht eingeschränkt werden kann, nicht nachlässt. Sie wirkt voll und ganz. Was bedeutet das für diese beiden Menschengruppen?

Für die Gerechten, die Kinder Gottes

Hebräerbrief 10,14
Denn mit EINEM Opfer hat er für immer die vollendet, die geheiligt werden.

Für die Kinder Gottes ist die Liebe Gottes eine Garantie für die Vollendung. Der Charakter der Liebe Gottes ist so, dass er nicht aufhören wird, bis er ans Ziel kommt, bis er für uns das absolut Gute schaffen konnte. Bereits heute ist die heilige Liebe Gottes der Grund, dass er nicht nachlässt uns nachzugehen. Er sucht und wirbt um unsere Herzen. Er wird nicht müde werden, all das Wunderbare, dass er sich für uns vorgenommen hat, Realität werden zu lassen.

Offenbarung 21,1-7
Und ich sah einen neuen Himmel und eine neue Erde; denn der erste Himmel und die erste Erde sind vergangen, und das Meer ist nicht mehr. Und ich sah die heilige Stadt, das neue Jerusalem, von Gott aus dem Himmel herabkommen, bereitet wie eine geschmückte Braut für ihren Mann.

Und ich hörte eine grosse Stimme von dem Thron her, die sprach: Siehe da, die Hütte Gottes bei den Menschen! Und er wird bei ihnen wohnen, und sie werden sein Volk sein, und er selbst, Gott mit ihnen, wird ihr Gott sein; und Gott wird abwischen alle Tränen von ihren Augen, und der Tod wird nicht mehr sein, noch Leid noch Geschrei noch Schmerz wird mehr sein; denn das Erste ist vergangen. Und der auf dem Thron sass, sprach: Siehe, ich mache alles neu! Und er spricht: Schreibe, denn diese Worte sind wahrhaftig und gewiss! Und er sprach zu mir: Es ist geschehen. Ich bin das A und das O, der Anfang und das Ende. Ich will dem Durstigen geben von der Quelle des lebendigen Wassers umsonst. Wer überwindet, der wird es alles ererben, und ich werde sein Gott sein, und er wird mein Sohn sein.

Für die Sünder, die im Egoismus verharren

Auch für diese Menschengruppe der Verlorenen gibt es eine Garantie. Diese Garantie ist ebenfalls im Charakter der Liebe Gottes gegründet. Genauso wie sich Gott völlig für die Seinen einsetzt, genauso konsequent und absolut trennt sich Gott von jeglicher Lieblosigkeit, von jeder Sünde, von jeder Form von Egoismus.

Er kann keinen Moment mit der Sünde der Lieblosigkeit kooperieren. Die Liebe Gottes ist die Garantie, dass jene, die sich nicht durch das Opfer Christi versöhnen lassen, in die Hölle gehen müssen – maximal weit entfernt von Gott.

Offenbarung 21,8
Die Feigen aber und Ungläubigen und Frevler und Mörder und Unzüchtigen und Zauberer und Götzendiener und alle Lügner, deren Teil wird in dem Pfuhl sein, der mit Feuer und Schwefel brennt; das ist der zweite Tod.

Gottes Liebe ist furchtbar

Es verwundert nicht, dass Menschen, die Gott in seiner heiligen Liebe begegnen, sich immer wieder fürchteten.

Lukasevangelium 5,8-9
Als das Simon Petrus sah, fiel er Jesus zu Füssen und sprach: Herr, geh weg von mir! Ich bin ein sündiger Mensch. Denn ein Schrecken hatte ihn erfasst und alle, die bei ihm waren, über diesen Fang, den sie miteinander getan hatten,

Was hatte Simon Petrus gesehen? Er erlebte, dass Christus ihn hinausgesandt hatte und er unglaublich viele Fische fing. Er erlebte die Liebe Gottes. An dieser Liebe erkannt er seine Sünde, seinen Egoismus und er wusste sofort, dass er eigentlich von diesem liebendem Sohn Gottes völlig und absolut getrennt war.

Was macht diese Liebe so erschreckend? Die Liebe Gottes ist eben nicht einfach nur nett. Sie drückt nicht gegenüber dem Bösen hie und da mal ein Auge zu. Die Liebe Gottes ist absolut. Und genauso absolut haben wir keinen Platz bei Gott, wenn nur ein bisschen Egoismus in unserem Leben gefunden wird.

Was können wir also noch tun? Wir selber können nichts tun. Wenn in unserem Leben Dinge nicht gut waren, können wir durch gute Dinge, die wir in der Zukunft tun, das Vergangene nicht ungeschehen machen. Deshalb musste Christus sterben. Er, der ohne Sünde war, nahm unsere Schuld auf sich.

Und dass Gott dieses Opfer angenommen hat, zeigt sich in der Auferstehung Christi und in der Tatsache, dass Christus zur Rechten Gottes Platz genommen hat. Wäre noch ein Krümel der von Jesus getragenen Sünde, an ihm übriggeblieben, hätte die Heiligkeit Gottes nicht zugelassen, dass Christus zum Vater kommen kann. Damit ist die Auferstehung Christi wiederum die Garantie, dass Christus unsere Sünden restlos getragen hat, Gott uns vergibt und der Weg zurück in die Gemeinschaft mit Gott wirklich offen ist.

Kapitel 5
Wen sollen wir lieben?

Matthäusevangelium 22,37-40
«Du sollst den Herrn, deinen Gott, lieben von ganzem Herzen, von ganzer Seele und von ganzem Gemüt». Dies ist das höchste und grösste Gebot. Das andere aber ist dem gleich: «Du sollst deinen Nächsten lieben wie dich selbst». In diesen beiden Geboten hängt das ganze Gesetz und die Propheten.

Wir sollen Gott lieben, unsere Mitmenschen lieben und uns selbst lieben! Wie Liebe praktisch funktioniert, soll im zweiten Teil dieses Buches behandelt werden. Hier nun einige Gedanken zu den uns verordneten «Zielgruppen» der Liebe.

Gott lieben

Können wir Gott lieben?
Lieben hat etwas mit geben zu tun – etwas, was der andere braucht, wonach er sich sehnt. Was können aber wir schwache Menschen einem allmächtigen, allwissenden, vollkommenen Gott geben? Hat Gott Bedürfnisse? Hat Gott Wünsche?

Die Spannung eines Wunsches oder eines Bedürfnisses liegt darin, dass man gerne etwas hätte oder etwas braucht, was man noch nicht hat. Und in diesem Sinn hat Gott durchaus Wünsche und Bedürfnisse:

1. Timotheusbrief 2,1+4
So ermahne ich nun, dass man vor allen Dingen tue Bitte, Gebet, Fürbitte und Danksagung für alle Menschen, für

> *die Könige und für alle Obrigkeit, damit wir ein ruhiges und stilles Leben führen können in aller Frömmigkeit und Ehrbarkeit. Dies ist gut und wohlgefällig vor Gott, unserm Heiland, welcher will, dass allen Menschen geholfen werde und sie zur Erkenntnis der Wahrheit kommen.*

Gott möchte, dass allen Menschen geholfen wird, dass sie ans Ziel kommen, dass sie glücklich werden. Dieses Anliegen ist Gott so wichtig, dass wir – als seine Botschafter – es mit höchster Priorität behandeln sollen. Auch Jesus Christus ist von diesem Anliegen geprägt.

> ***Johannesevangelium 17,24***
> *Vater, ich will, dass, wo ich bin, auch die bei mir seien, die du mir gegeben hast, damit sie meine Herrlichkeit sehen, die du mir gegeben hast; denn du hast mich geliebt, ehe der Grund der Welt gelegt war.*

Gott hat ein grosses Bedürfnis. Er möchte, dass Menschen aus freien Stücken ihr Herz auftun und ihn in ihr Leben lassen, damit er mit seiner ganzen Kraft und Allmacht seine guten Absichten zu Gunsten des Einzelnen leben kann. Gott sehnt sich danach, dass er uns lieben kann. Lassen wir seine Liebe in unserem Leben zu, dann ist er glücklich.

Nun wie liebt Gott? Er führt uns, er erzieht uns, er beschenkt uns, er stoppt uns vor dem Bösen und führt uns zum Guten. Lassen wir seine Führung zu, hören wir auf seine Gebote, hat er in unseren Herzen Raum, dann kann er uns lieben und beschenken.

Es ist wie bei einem starken, einfühlsamen, schönen Bräutigam, der um die Hand seiner Braut anhält. Was wird er wollen, wenn er echte Liebe zu ihr hat? Er wird sich wünschen, dass die Braut ihr Herz weit öffnet und ihn in ihr Leben lässt, damit er sie mit seiner Liebe beglücken kann. Gottes Bedürfnis ist, ein solcher Bräutigam für uns – seine Braut – werden zu dürfen.

Wie können wir also Gott lieben? In dem wir ihn an unser Leben ranlassen! In dem wir seinen guten und kompetenten Anweisungen folgen, in dem wir ihm vertrauen. Johannes lässt in seinen Schriften nicht locker, uns diese Botschaft weiter zu geben:

Johannesevangelium 14,21
Wer meine Gebote hat und hält sie, der ist's, der mich liebt. Wer mich aber liebt, der wird von meinem Vater geliebt werden, und ich werde ihn lieben und mich ihm offenbaren.

Johannesevangelium 15,10
Wenn ihr meine Gebote haltet, so bleibt ihr in meiner Liebe, wie ich meines Vaters Gebote halte und bleibe in seiner Liebe.

1 Johannesbrief 5,3
Denn das ist die Liebe zu Gott, dass wir seine Gebote halten; und seine Gebote sind nicht schwer.

2. Johannesbrief 1,6
Und das ist die Liebe, dass wir leben nach seinen Geboten; das ist das Gebot, wie ihr's gehört habt von Anfang an, dass ihr darin lebt.

Was einen guten Ehemann wirklich glücklich macht, ist das Vertrauen seiner Frau. Was Gott beglückt, ist das Vertrauen seiner Kinder, seiner Gemeinde.

Mit der Möglichkeit, durch aktives Vertrauen, ein offenes Herz und willigem Gehorsam, die Liebe Gottes zu erwidern, wird die Beziehung zwischen Gott und Mensch gegenseitig. Wir können Gott lieben! Wir können Gott etwas geben! Welche Grösse erhält der kleine Mensch, dass er den unendlich grossen Gott glücklich machen kann, durch die Hingabe an sein liebevolles Handeln!

In welchem Mass soll ich Gott lieben?
Der einleitende Vers in Matthäusevangelium 22,37 spricht nicht nur davon, dass wir Gott lieben sollen, sondern auch davon, in welchem Mass wir das tun sollen. Der Text spricht einerseits von einer grossen Intensität und andererseits von allen Bereichen unseres Menschseins. Die Beschäftigung mit Gott soll nicht nur eine Randerscheinung unseres Lebens darstellen, sondern das Zentrum. Die Beziehung von uns zu Gott ist das wichtigste Element des Lebens.

Die Liebe zu Gott soll auch ganzheitlich sein. Sie soll Herz, Seele und Gemüt betreffen. Das Herz ist nach biblischem Kontext der Wohnort unseres Willens und damit das Zentrum unseres Menschseins. Die Seele spricht von unseren Wünschen und Gefühlen und das Gemüt von unserem Denken und Verstand.

Wir sollen uns also mit unserem Wollen, unserer emotionalen Befindlichkeit wie auch mit unserem gesamten Intellekt mit Gott auseinandersetzen. Diese ganzheitliche Auseinandersetzung mit Gott soll dieselbe Wirkung haben wie eine Ehefrau sich ganzheitlich mit ihrem Mann auseinandersetzt. Sie wird ihn besser kennen lernen und – vorausgesetzt er ist ein guter Ehemann – sich mehr und mehr ihm anvertrauen.

Den Nächsten lieben

Das göttliche Dreieck

Eines der grössten Geheimnisse Gottes ist seine Haltung zum Menschen. Wie gross die Liebe Gottes zum Mensch generell ist, zeigt sich in seiner uns gegenüber geäusserten Verordnung den Nächsten zu lieben. Gott zu lieben ist das grösste Gebot. Aber den Nächsten und sich selbst lieben, ist eine ebenso wichtige und grosse Aufgabe.

Daraus lässt sich das «göttliche Dreieck» ableiten. Wenn ich mit Gott im Reinen stehen will, kann ich das nur, wenn ich auch den von ihm geliebten Mitmenschen ebenfalls zum Ziel meiner Liebe mache.

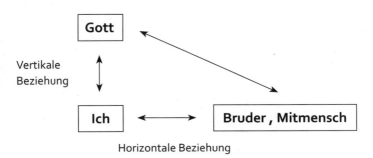

1. Johannesbrief 4,20
Wenn jemand spricht: Ich liebe Gott, und hasst seinen Bruder, der ist ein Lügner. Denn wer seinen Bruder nicht liebt, den er sieht, wie kann er Gott lieben, den er nicht sieht?

Diese göttliche Gleichung in 1. Johannesbrief 4.20 sagt nichts anderes als: Hast du mit dem Mitmenschen ein Problem, hast du auch mit Gott ein Problem. Hast du mit Gott ein Problem, wirst du auch mit deinen Mitmenschen nicht richtig umgehen. Gott solidarisiert sich mit dem Menschen.

Er sagt nichts anderes als: Willst du mich lieben, liebe den Menschen.

Die Bibel spricht bezüglich der Liebe zu Menschen von verschiedenen konkreten Menschengruppen:

Die christliche Bruderliebe (geistliche Familie)

Gottes Liebe können wir nicht nur erwidern, wenn wir seine Liebe in unserem Leben zulassen. Unsere Liebe wird auch darin sichtbar, dass wir alle jene lieben, die er liebt. Das sind insbesondere jene, die sich ebenfalls ihm zugewandt haben (Bruderliebe).

> *Johannesevangelium 13,34-35*
> *Ein neues Gebot gebe ich euch, dass ihr euch untereinander liebt, wie ich euch geliebt habe, damit auch ihr einander lieb habt. Daran wird jedermann erkennen, dass ihr meine Jünger seid, wenn ihr Liebe untereinander habt.*

> *Hebräerbrief 6,10*
> *Denn Gott ist nicht ungerecht, dass er vergässe euer Werk und die Liebe, die ihr seinem Namen erwiesen habt, indem ihr den Heiligen dientet und noch dient.*

> *Matthäusevangelium 25,40*
> *Und der König wird antworten und zu ihnen sagen: Wahrlich, ich sage euch: Was ihr getan habt einem von diesen meinen geringsten Brüdern, das habt ihr mir getan.*

Die Liebe zu den Verlorenen (Menschenfamilie)

Die Geschichte von Adam und Eva zeigt uns, wie die Menschheit sich von Gott abwandte und sich seiner Liebe entzog. Seither leidet Gott doppelt: Weil er die Entscheidung seines mit einem freien Willen ausgestatteten Wesens akzeptiert, kann er seine Liebe nicht mehr anbringen. Und er muss mit ansehen, wie seine Geliebten – von ihm getrennt – in Elend, Not und Erbärmlichkeit dahin vegetieren und von Sinn und Ziel ihres eigentlichen Lebens getrennt sind.

Dennoch hat er bis in die heutige Gegenwart nie aufgehört, sich um die Wiederherstellung der verlorenen Gemeinschaft zu bemühen. Er wirbt um den Menschen. Er gab seinen Sohn hin, damit Vergebung möglich ist. Er sucht uns noch heute und stellt jeden, der diesem Ruf folgt, in den Dienst als sein Botschafter diesen Ruf weiter in einer verlorenen Welt verlauten zu lassen.

Dieser Botschaftsdienst in Wort und Tat ist deshalb ein Akt der Liebe, weil jeder Mensch, der zu Gott zurückfindet damit auch in die Liebe Gottes zurückfindet. Es kann dem Menschen nichts Besseres geschehen. Einfach deshalb, weil niemand wie Gott so willens ist, zu lieben und mit dieser Macht und Fähigkeit ausgerüstet ist wie er.

2. Korintherbrief 5,18-20
Aber das alles von Gott, der uns mit sich selber versöhnt hat durch Christus und uns das Amt gegeben, das die Versöhnung predigt. Denn Gott war in Christus und versöhnte die Welt mit sich selber und rechnete ihnen ihre Sünden nicht zu und hat unter uns aufgerichtet das Wort von der Versöhnung. So sind wir nun Botschafter an Christi Statt, denn Gott ermahnt durch uns; so bitten wir nun an Christi Statt: Lasst euch versöhnen mit Gott!

Die Liebe zu den Schwachen und Ausländern
Es ist immer wieder erstaunlich, aber nicht überraschend, wie Gott in seinem Buch die Liebes-Zielgruppen konkret beschreibt und sich mit den Bedürftigen solidarisiert.

Sprüche 19,17
Wer sich des Armen erbarmt, der leiht dem HERRN, und der wird ihm vergelten, was er Gutes getan hat.

3. Mosebuch 19,33+34
Wenn ein Fremdling bei euch wohnt in eurem Lande, den sollt ihr nicht bedrücken. Er soll bei euch wohnen wie ein Einheimischer unter euch, und du sollst ihn lieben wie dich selbst; denn ihr seid auch Fremdlinge gewesen in Ägyptenland. Ich bin der HERR, euer Gott.

Jesaja 58,7
Brich dem Hungrigen dein Brot, und die im Elend ohne Obdach sind, führe ins Haus! Wenn du einen nackt siehst, so kleide ihn, und entzieh dich nicht deinem Fleisch und Blut!

Die Liebe gegenüber den Feinden

Die spektakulärste Liebesgruppe, die in der Bibel genannt wird, ist die Gruppe der Feinde. In dieser Gruppe wird der Charakter von Gottes Liebe am deutlichsten sichtbar. Wer seinen Feind liebt, damit dieser ans Ziel kommt, ist wirklich uneigennützig.

2. Mosebuch 23,4
Wenn du dem Rind oder Esel deines Feindes begegnest, die sich verirrt haben, so sollst du sie ihm wieder zuführen.

Sprüche 25,21
Hungert deinen Feind, so speise ihn mit Brot, dürstet ihn, so tränke ihn mit Wasser.

Lukasevangelium 6,35
Vielmehr liebt eure Feinde; tut Gutes und leiht, wo ihr nichts dafür zu bekommen hofft. So wird euer Lohn gross

sein, und ihr werdet Kinder des Allerhöchsten sein; denn er ist gütig gegen die Undankbaren und Bösen.

Sich selbst lieben

Darf ich mich selbst lieben?

Matthäus 22,39:
Du sollst deinen Nächsten lieben wie dich selbst...

Wir haben richtig gelesen. Die Bibel spricht davon, dass wir uns selbst lieben. Das wird im obigen Vers nicht gefordert, aber auch nicht beklagt. Es ist eine Feststellung. Der Mensch liebt sich selbst. Die Bibel respektiert diese Selbstliebe und nimmt sie zum Massstab für die Liebe am Nächsten oder an anderer Stelle für die Liebe eines Mannes zu seiner Frau:

Epheserbrief 5,28+29
So sollen auch die Männer ihre Frauen lieben wie ihren eigenen Leib. Wer seine Frau liebt, der liebt sich selbst. Denn niemand hat je sein eigenes Fleisch gehasst; sondern er nährt und pflegt es, wie auch Christus die Gemeinde.

Um was geht es aber bei dieser tolerierten Selbstliebe? Biblisch gesehen ist dein und mein Leben geistlich, seelisch und körperlich ein anvertrautes Geschenk Gottes. Diesem Gut sollen wir Sorge tragen. In unserer Entscheidungsfreiheit wären wir verantwortlich, dieses – unser – Leben zum Guten zu führen. Wir sollen Entscheidungen so treffen, dass wir ans Ziel kommen, unserer wunderbaren Bestimmung gerecht werden und dabei uns Glück finden.

Im Sündenfall haben Adam und Eva von dieser Entscheidungsfreiheit Gebrauch gemacht. Sie haben sich aber nicht für das Gute entschieden, sondern für das selbstsüchtige Falsche. Die Konsequenz ihrer Entscheidung war für das körperliche wie auch für das seelisch-geistliche Leben dieser beiden fatal. Tod, Krankheit, Not und Elend traten in ihr Leben. Dinge, die sie vorher nicht kannten. Ihre Selbstsucht führte sie ins Desaster. Damit wurden sie gegen Gott und auch gegen sich selbst schuldig.

Wenn nun die Bibel davon spricht oder mindestens davon ausgeht, dass wir uns selbst lieben, meint sie echte Liebe. Die echte Liebe sucht das wirklich Gute. Lieben wir uns also ehrlich, werden wir uns nicht fehlbefriedigen. Im Gegenteil, wir werden uns dorthin führen, wo wir wirklich ans Ziel kommen – zurück zu Gott.

Wer sich liebt, bringt sich so konsequent wie möglich in die Gegenwart und in den Gehorsam Gottes. Er wird sich selbst ermutigen, die Bibel zu lesen, zu beten, mit geistlichen Geschwistern Gemeinschaft zu haben, das Evangelium zu verkündigen – mit Gott zu leben. Aus dieser Gemeinschaft wird er das Richtige tun und dabei glücklich werden. Man könnte auch anders sagen: Wer sich selbst liebt, lässt sich los und überlässt Gott das Handeln in seinem Leben.

Lukasevangelium 9,24
Denn wer sein Leben erhalten will, der wird es verlieren; wer aber sein Leben verliert um meinetwillen, der wird's erhalten.

Oder wie Jim Elliot sagte:
«Der ist kein Narr, der loslässt was er nicht behalten kann, damit er das gewinnt, was er nicht mehr verlieren kann.»

Kapitel 6
Unsere Befähigung – Gottes Liebe in uns

Grundsätzlich ist der Mensch nicht fähig zu lieben

Gottes Urteil über den unerlösten Menschen ist radikal und unmissverständlich:

1. Mosebuch 6,12
Da sah Gott auf die Erde, und siehe, sie war verderbt; denn alles Fleisch hatte seinen Weg verderbt auf Erden.

Hiob 4,17
Wie kann ein Mensch gerecht sein vor Gott oder ein Mann rein sein vor dem, der ihn gemacht hat?

Psalm 14,2-3
Der HERR schaut vom Himmel auf die Menschenkinder, dass er sehe, ob jemand klug sei und nach Gott frage. Aber sie sind alle abgewichen und allesamt verdorben; da ist keiner, der Gutes tut, auch nicht einer.

Römerbrief 3,11-18
Da ist keiner, der verständig ist; da ist keiner, der nach Gott fragt. Sie sind alle abgewichen und allesamt verdorben. Da ist keiner, der Gutes tut, auch nicht einer. Ihr Rachen ist ein offenes Grab; mit ihren Zungen betrügen sie, Otterngift ist unter ihren Lippen; ihr Mund ist voll

Fluch und Bitterkeit. Ihre Füsse eilen, Blut zu vergiessen; auf ihren Wegen ist lauter Schaden und Jammer, und den Weg des Friedens kennen sie nicht. Es ist keine Gottesfurcht bei ihnen.

Aus dieser Aufzählung werden zwei Dinge sichtbar:
Der Mensch ist in zweifacher Hinsicht ein Sünder – ein Mensch, der nicht liebt, sondern egoistisch ist:

1. Zuerst ist der Mensch durch seine selbst gewählte Stellung zu Gott ein Sünder.

In der Ablehnung Gottes verhindert er dessen Liebe. Damit wird das Gute, das Gott am Menschen vor hat und auch was er durch den Menschen an Anderen Gutes tun möchte, verhindert.

2. Zweitens ist der Mensch durch das Böse, das er tut, ein Sünder. Bosheit – Egoismus – Selbstverwirklichung geht immer auf Kosten von anderen.

Natürlich hat jeder Mensch das Potenzial in dieser oder jener Situation einmal sich selbst zu vergessen, von sich weg zu schauen und zu geben. So stillen sicher viele Mütter ihre Kinder relativ uneigennützig oder gibt es immer wieder Menschen, die sich idealistisch für den Weltfrieden, die Natur oder andere Anliegen einsetzen. Dennoch ist trotz solcher Ausnahme-Situationen das Grundübel unserer Liebesunfähigkeit augenscheinlich.

Zu diesem unerbittlichen Schluss kommt auch Paulus im Römerbrief, bei der Betrachtung seiner eigenen Person:

Römerbrief 7,18-19
Denn ich weiss, dass in mir, das heisst in meinem Fleisch,

nichts Gutes wohnt. Wollen habe ich wohl, aber das Gute vollbringen kann ich nicht. Denn das Gute, das ich will, das tue ich nicht; sondern das Böse, das ich nicht will, das tue ich.

Römerbrief 7,24
Ich elender Mensch! Wer wird mich erlösen von diesem todverfallenen Leibe?

Ohne Gott können wir nichts tun

Es ist ein Grundprinzip, dass Gott uns meistens zuerst an die Grenzen unserer eigenen Fähigkeiten bringen muss, um uns zu zeigen, dass wir nicht in der Lage sind, richtig zu leben. Gleichzeitig öffnet er uns gerade in eigenen Schwachheiten die Augen für seine Liebe und Güte und zeigt uns, dass er in uns so wirken kann, dass alles möglich wird.

Das erlebte auch Hiob, dem zuerst alles genommen wurde und später, nachdem er Gottes Heiligkeit begegnet war und sich ihm unterstellte, mehr erhielt als je:

Hiob 42,5-6
Ich hatte von dir nur vom Hörensagen vernommen; aber nun hat mein Auge dich gesehen. Darum spreche ich mich schuldig und tue Busse in Staub und Asche.

Hiob 42,10
Und der HERR wandte das Geschick Hiobs, als er für seine Freunde Fürbitte tat. Und der HERR gab Hiob doppelt soviel, wie er gehabt hatte.

Petrus erlebt bei seiner Berufung zum Jünger ähnliches: Er hat mit seinen Mitarbeitern die ganze Nacht gefischt und nichts gefangen. Auf das Geheiss Jesus fährt er nochmals hinaus:

> *Lukasevangelium 5,5-6*
> *Und Simon antwortete und sprach: Meister, wir haben die ganze Nacht gearbeitet und nichts gefangen; aber auf dein Wort will ich die Netze auswerfen. Und als sie das taten, fingen sie eine grosse Menge Fische, und ihre Netze begannen zu reissen.*

Als Petrus die grosse Liebe Christus erlebt, wird ihm deutlich, wie wenig er mit dieser grossen Liebe Gottes übereinstimmt, wie gross seine Sünde ist:

> *Lukasevangelium 5,8*
> *Als das Simon Petrus sah, fiel er Jesus zu Füssen und sprach: Herr, geh weg von mir! Ich bin ein sündiger Mensch.*

Der Mensch muss erkennen, dass er ohne Gott nichts tun kann, dass er nichts so braucht wie eine lebendige Beziehung zu seinem Schöpfer. Fehlt diese, fehlt alles. Nur über die Beziehung zum Gott der Liebe, nur durch seine Gegenwart, wird der Mensch auch fähig, zu lieben. Nirgends wird das so deutlich gesagt wie in Johannes 15,5:

> *Johannesevangelium 15,5*
> *Ich bin der Weinstock, ihr seid die Reben. Wer in mir bleibt und ich in ihm, der bringt viel Frucht; denn ohne mich könnt ihr nichts tun.*

Wir brauchen die «Kraft Christi»

Auch Paulus musste durch Lektionen eigener Schwäche hindurch, um zu erkennen, dass nur Gott in ihm seine göttliche Kraft, seine göttliche Liebe wirken kann. Von einem bestimmten Leiden gebeutelt, bat er Gott dreimal um Genesung. Gott wollte aber in der Schwachheit von Paulus seine eigene Stärke zeigen.

> *2. Korintherbrief 12,9*
> *Und er hat zu mir gesagt: Lass dir an meiner Gnade genügen; denn meine Kraft ist in den Schwachen mächtig. Darum will ich mich am allerliebsten rühmen meiner Schwachheit, damit die Kraft Christi bei mir wohne.*

Paulus war sich bewusst, dass er Christus braucht – ja noch konkreter – seine Kraft. Die Kraft Christi ist dasjenige Element, dass den Unterschied in einem Leben macht. Diese Kraft ist es, die uns fähig zur Liebe macht.

Worin liegt aber diese Kraft? Wie erhalten wir Zugang zu dieser Kraft der Liebe? Der Römerbrief gibt uns Auskunft:

> *Römerbrief 5,5*
> *Hoffnung aber lässt nicht zuschanden werden; denn die Liebe Gottes ist ausgegossen in unsre Herzen durch den heiligen Geist, der uns gegeben ist.*

Das Geheimnis der Kraft Christi liegt im heiligen Geist. Der heilige Geist ist der Gesandte Christi in unseren Herzen. Kehren wir uns von ganzem Herzen zurück zu Gott, kommt es zur Wiedergeburt. Bei dieser nimmt dieser heilige Geist im Herzen Wohnung.

> *Johannesevangelium 14,23*
> *Jesus antwortete und sprach zu ihm: Wer mich liebt, der wird mein Wort halten; und mein Vater wird ihn lieben, und wir werden zu ihm kommen und Wohnung bei ihm nehmen.*

> *Titusbrief 3,4-5*
> *Als aber erschien die Freundlichkeit und Menschenliebe Gottes, unseres Heilands, machte er uns selig – nicht um der Werke der Gerechtigkeit willen, die wir getan hatten, sondern nach seiner Barmherzigkeit – durch das Bad der Wiedergeburt und Erneuerung im heiligen Geist,*

Der «Heilige Geist» wird im Griechischen des neuen Testamentes mit zwei Begriffen übersetzt: Mit «hagios pneuma» und mit «dynamis».

«Hagios» meint «heilig», «gottgeweiht» oder auf «Gott gerichtet». «Pneuma» spricht vom nichtmateriellen Teil einer Persönlichkeit mit Wille und Verstand und meint damit das was wir den «Geist» einer Person bezeichnen. Das Wort wird für den göttlichen Geist ebenso verwandt wie für den menschlichen Geist oder andere «Geister».

«Dynamis» spricht von Kraft und Fähigkeit. Wir kennen das Wort auch im Zusammenhang mit Dynamit (Sprengstoff) oder dynamisch (kraftvoll).

Mittels dieser beiden Begriffe zum Heiligen Geist finden wir auch die Erklärung, wie Gottes Liebe kraftvoll in meinem Leben Realität werden kann. Erfährt der Heilige Geist Raum in meinem Herzen, wirkt sein ganzes Streben als göttliche Person dahingehend, dass er mich in die Gegenwart und Gemeinschaft Gottes führen will. Bin ich in der Gemeinschaft Gottes, wird die Kraft Gottes in meinem Leben durch seinen Geist wirksam.

Die doppelte Wirksamkeit des Heiligen Geistes finden wir auch im Philipperbrief:

Philiperbrief 2,13-16
Denn Gott ist's, der in euch wirkt beides, das Wollen und das Vollbringen, nach seinem Wohlgefallen. Tut alles ohne Murren und ohne Zweifel, damit ihr ohne Tadel und lauter seid, Gottes Kinder, ohne Makel mitten unter einem verdorbenen und verkehrten Geschlecht, unter dem ihr scheint als Lichter in der Welt, dadurch dass ihr festhaltet am Wort des Lebens, mir zum Ruhm an dem Tage Christi, so dass ich nicht vergeblich gelaufen bin noch vergeblich gearbeitet habe.

Der Heilige Geist geht in seinem Wirken in zwei Schritten vor:

Zuerst konfrontiert uns der Heilige Geist als «hagios pneuma» mit dem Willen Gottes und motiviert uns, uns diesem Willen zu unterstellen. Er tut dies, indem er zu unserem Gewissen spricht und uns zeigt, was zu tun oder zu lassen wäre. Der Heilige Geist steht dabei immer in Übereinstimmung mit dem «Wort des Lebens» – mit Christus – und seiner Offenbarung, der Bibel.

Dann sind wir gefordert, eine Entscheidung für oder gegen diesen vorgeschlagenen Willen Gottes zu treffen. Haben wir uns für den Willen Gottes entschieden, kommt uns der Heilige Geist sofort mit seiner «dynamis», mit seiner Kraft zu Hilfe und schafft auch das Vollbringen.

Wollen wir also die Kraft des Heiligen Geistes, diese «Kraft Christi» erfahren, dann müssen wir uns dem Willen des Heiligen Geistes unterordnen.

Diese Unterordnung unter Gottes Wille ist die immer wiederkehrende Kernfrage in den verschiedenen Situationen unseres Lebens:

Glauben wir, dass Gott wirklich gut ist? Glauben wir, dass unsere innersten Wünsche und Bedürfnisse auf den Wegen Gottes befriedigt werden? Vertrauen wir uns Gott an und gehorchen wir deshalb dem Willen Christi?

Wenn wir diese Frage bejahen können, werden wir Gott Raum geben und seine Kraft der Liebe empfangen. Haben wir dieses Vertrauen zu Gott nicht, werden wir in eigene Bedürfnisbefriedigung einmünden und dem Willen Gottes nicht nachgeben – also ungehorsam werden.

Unsere Aufgabe liegt also einzig im Fällen der richtigen Entscheidung. Diese Entscheidung hängt einzig davon ab, wie wir zu Gott stehen, wie wir über Gott denken, zu welchen Überzeugungen und Einsichten wir bezüglich der Glaubwürdigkeit Gottes und seines Sohnes und seines Heiligen Geistes gekommen sind.

Die Notwendigkeit, richtig denken und handeln zu lernen

Die Einsicht, dass das richtige Denken von Gott zu richtigen Entscheidungen führt und damit zu einer entsprechenden Wirksamkeit des Heiligen Geistes, bestätigt sich beispielsweise bei Paulus.

Wir haben weiter oben von der Not Paulus' über sein eigenes Leben gelesen. Ist er an seiner eigenen Unfähigkeit zerbrochen? Nein – er hat einen Ausweg gefunden:

Römerbrief 7,24-25
Ich elender Mensch! Wer wird mich erlösen von diesem todverfallenen Leibe? Dank sei Gott durch Jesus Christus, unsern Herrn! So diene ich nun mit dem Gemüt dem

Gesetz Gottes, aber mit dem Fleisch dem Gesetz der Sünde.

Ja – Paulus ist ein elender Mensch – selbst unfähig. Aber in der Anerkennung der Herrschaft Christi wird er frei. Er trifft eine Willensentscheidung für Gott. Er möchte mit seinem Gemüt (griechisch: Einsicht, Verstand, Vernunft, Gesinnung) dem Wollen Gottes Raum geben, damit auch sein Handeln, seine Kraft in seinem Leben Realität wird.

Noch detaillierter erklärt Paulus diesen Zusammenhang in seinem Brief an die Römer in Kapitel 12:

> *Römerbrief 12,2*
> *Und stellt euch nicht dieser Welt gleich, sondern ändert euch durch Erneuerung eures Sinnes, damit ihr prüfen könnt, was Gottes Wille ist, nämlich das Gute und Wohlgefällige und Vollkommene.*

Für das Wort «Sinnes» wird im Griechischen dasselbe Wort benützt wie für «Gemüt». Paulus sagt also, dass wir neu werden müssen in unserem Denken.

In Kapitel 12 des Römerbriefes ist Paulus voll auf unserem Thema. Das ganze Kapitel handelt von praktischer Liebe, die eben mit dem richtigen Denken über Gott Gott beginnt.

Worin ist denn aber unser Denken, Sinnen und Trachten falsch? Im 1. Mosebuch, Kapitel 6, finden wir die Antwort:

> *1. Mosebuch 6,5-6*
> *Als aber der HERR sah, dass der Menschen Bosheit gross war auf Erden und alles Dichten und Trachten ihres Herzens nur böse war immerdar, da reute es ihn, dass er die*

Menschen gemacht hatte auf Erden, und es bekümmerte ihn in seinem Herzen,

Die Bosheit des Menschen lag darin, dass er bezüglich der Frage, wie der Mensch ans Ziel kommt, die Antwort des Egoismus und der Selbstverwirklichung gab, die auch nach der Sintflut sofort wieder die Herzen der Menschen zu beherrschen begann:

1. Mosebuch 10,8
Kusch aber zeugte den Nimrod. Der war der erste, der Macht gewann auf Erden...

Worin besteht aber richtiges Denken und wie wirkt sich richtiges Denken von Gott aus? Petrus beantwortet diese Frage zu Beginn seines 2. Briefes.

2. Petrusbrief 1,3+4
Alles, was zum Leben und zur Frömmigkeit dient, hat uns seine göttliche Kraft geschenkt durch die Erkenntnis dessen, der uns berufen hat durch seine Herrlichkeit und Kraft. Durch sie sind uns die teuren und allergrössten Verheissungen geschenkt, damit ihr dadurch Anteil bekommt an der göttlichen Natur, die ihr entronnen seid der verderblichen Begierde in der Welt.

Wenn Christi über den Heiligen Geist seine Herrlichkeit (seine liebende Absicht) und seine Kraft uns geben kann, bringt uns das die Teilhaberschaft an der Natur Gottes. Die Natur, das Wesen Gottes ist die Liebe. Also anders gesagt: Wenn Christus durch seinen Geist in uns wirken kann, werden wir fähig, zu lieben, wie Gott liebt.

In dieser Petrusstelle erfahren wir aber auch, wie Herrlichkeit und Kraft Christi – und damit die Liebe – in unserem Herzen konkret Raum gewinnen: Durch die Erkenntnis Christi. Wozu soll uns diese Erkenntnis von Christus führen?

> *2. Petrusbrief 1,5-8*
> *So wendet alle Mühe daran und erweist in eurem Glauben Tugend und in der Tugend Erkenntnis und in der Erkenntnis Mässigkeit und in der Mässigkeit Geduld und in der Geduld Frömmigkeit und in der Frömmigkeit brüderliche Liebe und in der brüderlichen Liebe die Liebe zu allen Menschen. Denn wenn dies alles reichlich bei euch ist, wird's euch nicht faul und unfruchtbar sein lassen in der Erkenntnis unseres Herrn Jesus Christus.*

Die Erkenntnis der Liebe Gottes soll zu zwei direkten Auswirkungen führen:

1. Wenn wir diese grosse, initiative Liebe Gottes uns gegenüber sehen, dann sollen wir ebenfalls alle Mühe daran setzen (oder anders übersetzt: alle Kraft investieren), die Liebe Gottes zu leben. Gott will uns führen und mit Kraft ausrüsten. Gleichzeitig sucht er aber auch unsere volle und intensive Kooperation mit seinen liebenden Absichten. Wir sollen mit ganzer Willenskraft auch unsere Kräfte in die Sache Gottes eingeben.

In diesem Zusammenhang wird die Verantwortung des Einzelnen sichtbar. Wir können die liebenden Absichten Gottes mit mehr oder weniger Intensität unterstützen. Deshalb werden wir Lohn erhalten. Gott möchte, dass wir alles geben.

2. Wenn wir sehen – erkennen – mit unserem Denken begreifen, wie gross die Liebe Christi ist, dann werden wir glauben. Das heisst, wir werden Vertrauen fassen und uns auf die Wei-

sungen Gottes einlassen. Petrus sagt sogar, dass wir das Vertrauen auf Gott zu unserer Tugend machen sollen, zu unserer wichtigsten Eigenschaft.

Wenn wir lernen in unserer Schwachheit auf Gott zu hoffen und zu vertrauen, dann werden wir erkennen, dass Gott eingreift, dass Gottes Liebe wirklich in unserem Leben wirkt – wie bei Petrus, der auf Gottes Wort vertraute, hinging und viele Fische fing. Erleben wir Gottes beschenkende Güte, finden wir Mässigkeit. Wir müssen nicht mehr auf Vorrat unsere Bedürfnisse befrieden. Wir kriegen Geduld – Gott wird rechtzeitig eingreifen.

Finden wir den Zugang zu rechtzeitigen und massvollem Handeln finden wir Frömmigkeit – oder wie es in einer anderen Übersetzung (rev. Elberfelder) heisst: «Gottseeligkeit". Was nichts anderes bedeutet als Glück und Freude. Haben wir Glück und Freude gefunden, wird der Blick frei und das Herz offen für Liebe. Liebe zuerst gegen den Bruder und dann Liebe zu allen Menschen. Lassen wir uns auf diesen göttlichen und kraftvollen Kreislauf göttlicher Wirksamkeit ein, werden wir fruchtbar und initiativ.

Wie werden wir also fähig zur Liebe? Indem wir uns mit ganzem Herzen Gott anvertrauen, uns seiner Führung unterstellen, seine Anweisungen ernst nehmen und uns auf seinen Willen einlassen. Dann wird seine Liebe und seine Kraft wirksam in uns und durch uns.

Teil 2:

Schritte auf dem Weg zu wahrer Liebe

«Wenn ich mit Menschen- und mit
Engelzungen redete und hätte
die Liebe nicht, so wäre ich ein tönendes
Erz oder eine klingende Schelle.
Und wenn ich prophetisch reden könnte
und wüsste alle Geheimnisse und
alle Erkenntnis und hätte allen Glauben,
so dass ich Berge versetzen könnte,
und hätte die Liebe nicht, so wäre ich nichts.
Und wenn ich alle meine Habe
den Armen gäbe und liesse meinen Leib
verbrennen, und hätte die Liebe nicht,
so wäre mir's nichts nütze.»

1. Korintherbrief 13,1-3

Kapitel 7
Der Versuch einer Definition

Wie wir in Teil 1 gesehen haben, können wir bei niemandem besser lernen, wie Liebe praktisch funktioniert, als beim «Gott der Liebe». Die Bibel, in der sich dieser Gott der Liebe detailliert und vielfältig offenbart, zeigt uns in einer beeindruckenden Fülle, wie Liebe denkt und handelt und was aus ihrer Sicht unter Liebe zu verstehen ist.

Aus den vielen Beispielen der göttlichen Liebe lassen sich allgemein gültige Prinzipien ableiten, wie jemand handeln soll, der «echte Liebe» leben möchte.

Nicht nur Christen, sondern der Mensch als Geschöpf generell, ist herausgefordert, diese Liebesprinzipien in allen Beziehungen zu leben. Das wäre unsere Bestimmung, das wäre und ist, das Ziel für unser Leben – jederzeit und überall zu lieben. Sei dies in seinem Freundeskreis, in der Ehe oder Familie, bei der Arbeit, in der Schule, in der Freizeit aber auch gegenüber Menschen in Not, ja sogar gegen seine Feinde.

Bei näherer Betrachtung lässt sich liebendes Bemühung in folgende Schritte unterteilen:

1. Die Liebe erachtet den Geliebten als «liebenswert» und entwickelt daraus Respekt und Wertschätzung.

2. Die Liebe investiert Interesse in die Situation des Geliebten und erkennt dabei Mängel, Nöte und Bedürfnisse.

3. Die Liebe kennt die wahren Bedürfnisse des Geliebten oder versucht herauszufinden, wo diese liegen.

4. Die Liebe wirbt darum, den Geliebten lieben zu dürfen. Dabei respektiert der Liebende die freie Entscheidungsfreiheit des Geliebten, seine Liebe auch abzulehnen.

5. Für die Liebe werden die Anliegen des Geliebten zur eigenen wichtigen Aufgabe. Deshalb sucht die Liebe immer wieder das Spannungsfeld zwischen Mangel und nachhaltiger Zufriedenheit (Seeligkeit, Glück) beim Geliebten zu überbrücken. In diesem Zusammenhang sucht die Liebe immer wieder neue Lösungswege und ist unwahrscheinlich kreativ.

Im eigentlichsten Sinn der Liebe wird ein wahrer Liebender immer versuchen, den Geliebten in die Gemeinschaft mit dem Gott der Liebe zu führen, weil er weiss, dass er selbst nicht fähig ist und nur Gott absolut die Bedürfnisse des Geliebten befrieden kann

6. Die Liebe ergreift alle ihre Ressourcen und Möglichkeiten, um diese Lösungen auch Realität werden zu lassen und damit beizutragen, dass das geliebte Objekt glücklich wird.

7. Der Liebende fokussiert sich in seinem Handeln ganz auf den Geliebten. Er findet sein eigenes Glück im glücklich werden des Geliebten.

Gemäss dieser Auflistung lässt sich echte Liebe in folgender Definition zusammenfassen:

«Aus tiefer Wertschätzung motiviert, sucht die Liebe, die wahren Bedürfnisse des Geliebten zu erkennen und nachhaltig zu stillen und wird selbst glücklich dabei.»

In den nachfolgenden Kapiteln sollen die Aspekte dieser tätigen Liebe als Prinzip näher erläutert werden.

Kapitel 8

Wertschätzung – Basis und Erfüllung aller Liebe

Liebe ist eine Beziehungssache. Das zeigt sich alleine schon in der Tatsache, dass sie sich nicht mit sich selbst beschäftigt (das wäre Egoismus), sondern mit jemand anderem. Wo die Liebe ins Spiel kommt, will sie entweder eine Beziehung aufbauen oder versucht sie, eine solche zu erhalten bzw. zu erweitern.

Dabei ist eine Beziehung – wenn echte Liebe im Spiel ist – nie Selbstzweck.

Weshalb engagiert sich die Liebe aber überhaupt? Weshalb sucht sie den Kontakt zum Geliebten. Und weshalb verwendet sie eigene Ressourcen (Zeit, Geld und Energie) damit Gutes für andere Realität wird?

Die Antwort liegt in der Wertschätzung und im Interesse des Liebenden für den Geliebten. So wertvoll und wichtig der Geliebte für den Liebenden ist, so stark wird der Liebende den Geliebten lieben.

Der Schlüssel zum Antrieb und auch zur Erfüllung der Liebe liegt in ihrer Wertschätzung und dem tiefen Respekt gegenüber dem Geliebten.

Ohne Wertschätzung gibt es keine Liebe. Die deutsche Sprache kennt einige Wörter, die diesem Sachverhalt Rechnung tragen. «Liebenswürdig», «Liebenswert» sind zwei solche Wörter. Sie weisen darauf hin, wie die Liebe zum Geliebten steht. Der Geliebte hat für den Liebenden eine Würde und einen Wert, die so gross sind, dass der Liebende es gern in Kauf nimmt, alles zu unternehmen was notwendig ist, um zu lieben und zum Guten zu führen.

Interessanterweise liegt das Mass der Wertschätzung nicht im absoluten Wert, den der Geliebte hat, sondern im Wert, den der Geliebte für den Liebenden darstellt. Eine Frau hat für deren Bräutigam einen anderen Wert als für einen Passanten. Eine Mutter hat eine andere Haltung zu ihrem Kind als dessen Nachbar. Wer liebt, hat einen tiefen Respekt vor dem Wert des Geliebten.

Diese Wertschätzung ist der Motor der Liebe. Je grösser die Wertschätzung – desto weiter geht die Liebe in ihrem Bemühen. Umgekehrt ist Gleichgültigkeit und Geringachtung gegenüber jemandem der Tod der Liebe.

Was bewegte im Mittelalter bestimmte Menschen unter Ansteckungsgefahr den Pestkranken zu helfen? Die tiefe Wertschätzung gegenüber diesen Menschen. Was lässt eine Mutter verzichten? Die tiefe Wertschätzung gegenüber ihrem Kind. Was bewegte Gott, seinen Sohn Jesus Christus in den Tod zu lassen um die Menschheit zu retten? Die tiefe Wertschätzung gegenüber jedem Mensch, der über diese Erde ging, geht und noch gehen wird!

Hier nur einige Bespiele göttlicher Wertschätzung gegenüber dem Menschen.

Johannesevangelium 3,16
Denn also hat Gott die Welt geliebt, dass er seinen eingeborenen Sohn gab, damit alle, die an ihn glauben, nicht verloren werden, sondern das ewige Leben haben.

Epheserbrief 2,4-6
Aber Gott, der reich ist an Barmherzigkeit, hat in seiner grossen Liebe, mit der er uns geliebt hat, auch uns, die wir tot waren in den Sünden, mit Christus lebendig gemacht – aus Gnade seid ihr selig geworden -; und er hat uns mit auferweckt und mit eingesetzt im Himmel in Christus Jesus,

1. Johannesbrief 3,1
Seht, welch eine Liebe hat uns der Vater erwiesen, dass wir Gottes Kinder heissen sollen – und wir sind es auch!

Kapitel 9
Interesse – Der Anfang liebenden Handelns

Das Gegenüber suchen

Der Liebende weiss darum, dass er etwas zu geben hat, deshalb macht er sich auf die Suche nach jenen, die seine Liebe brauchen. Die Suche Gottes nach Menschen, die sich mit ihm versöhnen lassen, damit er sie lieben kann, ist ein Beispiel für die Suche der Liebe nach Liebesbedürftigen.

> *Lukasevangelium 19,10*
> *Denn der Menschensohn ist gekommen, zu suchen und selig zu machen, was verloren ist.*
>
> *Lukasevangelium 15,4*
> *Welcher Mensch ist unter euch, der hundert Schafe hat und, wenn er eins von ihnen verliert, nicht die neunundneunzig in der Wüste lässt und geht dem verlorenen nach, bis er's findet?*
>
> *Lukasevangelium 15,7*
> *Ich sage euch: So wird auch Freude im Himmel sein über einen Sünder, der Busse tut, mehr als über neunundneunzig Gerechte, die der Busse nicht bedürfen.*

Die Intensität, mit der die Suche getätigt wird, zeigt die Grösse der Liebe.

Interesse investieren

In der Entwicklung eines konkreten Interesses am geliebten Objekt wird die Liebe erstmals aktiv. Dieses Interesse äussert sich in zielgerichteter Beschäftigung und Auseinandersetzung mit dem Geliebten und Wahrnehmung des Geliebten.

Dabei ist es noch nicht notwendig, dass dieses Interesse erwidert wird. Aber bereits dieses sich für einen anderen zu interessieren, braucht einen konkreten Willensakt. Das hat zwei Gründe.

Erstens sind wir von Geburt an Egoisten und nicht Liebende. Ich habe noch kein Baby erlebt, dass sich darum kümmert, ob die Eltern schlafen, wenn es etwas braucht, oder ob die Mutter genug Milch zum stillen hat, oder ob es der Umgebung angenehm ist, wenn es in die Windeln macht. Ist es dem Kind nicht wohl, schreit es unbarmherzig. Es ist ein Egoist. Erst über die Jahre lernt das Kind – geführt von guten Eltern und einem guten Umfeld – zu lieben.

Wollen wir also lieben, müssen wir diesen egoistischen Grundtrieb mit einer konkreten Willensentscheidung überwinden. Das kann für einen Ehemann z.B. die Wahl zwischen einem Fussballspiel im Fernsehen oder einem Gespräch mit seiner Frau bedeuten.

Die zweite Herausforderung liegt in der Auseinandersetzung mit dem Geliebten selbst. Jemanden kennen lernen ist nicht einfach. Die tiefere Erkenntnis über ein Gegenüber liegt meistens nicht an der Oberfläche. Wer lieben will, muss die Bereitschaft haben, tiefer zu gehen, Zeit zu investieren, zu lernen und differenziert Informationen aufzunehmen.

Liebe kämpft um eine möglichst genaue und stimmige Wahrnehmung des geliebten Gegenübers ohne Vorurteile.

Liebe lässt nicht locker. Wieder aus einer tiefen Wertschätzung motiviert, gibt sie sich weder mit oberflächlicher Kenntnis noch mit billigen Lösungen zufrieden.

Die Liebe braucht eine umfassende und tiefgehende Erkenntnis über den Zustand des Geliebten. Dort will sie ansetzen, dort möchte sie tätig werden. Bevor ein Arzt einem Patienten wirkungsvoll und angemessen helfen kann, braucht es eine stimmige Diagnose über den Zustand des Patienten. Deshalb wird er ihn in jedem Fall sorgfältig untersuchen. Genauso handelt die Liebe wenn sie aufgefordert wird, in einer Situation tätig zu werden. Auch in dieser Hinsicht ist Gott in seiner Liebe vorbildlich.

> *Psalm 139,1-5*
> *HERR, du erforschest mich und kennest mich. Ich sitze oder stehe auf, so weisst du es; du verstehst meine Gedanken von ferne. Ich gehe oder liege, so bist du um mich und siehst alle meine Wege. Denn siehe, es ist kein Wort auf meiner Zunge, das du, HERR, nicht schon wüsstest. Von allen Seiten umgibst du mich und hältst deine Hand über mir.*

Liebendes «Herr sein» wäre gefragt!

Es ist einerseits eine Frage der Wertschätzung und des Interesses, ob ich zu lieben beginne oder nicht. Darüber hinaus ist es aber auch Frage der Verantwortung. «Ver-Antwortung» bedeutet ja nichts anders als die Aufgabe zu haben, auf bestimmte Fragen eine Antwort zu geben. So haben beispielsweise Eltern eine Verantwortung für ihre Kinder, weil sie die Kinder in die Welt gestellt haben. Sie sind damit verpflichtet, sich den Fragen, die sich rund um ihr Kind ergeben, zu stellen.

Gott erklärt den Menschen für verschiedene Lebensbereiche verantwortlich: Er ist verantwortlich, auf Gottes Liebeswerben eine Antwort zu geben. Christus ist verantwortlich für die Gemeinde, der Mann ist verantwortlich für die Frau, Kinder haben eine bestimmte Verantwortung gegenüber den Eltern, die Jünger Jesu haben eine Verantwortung gegenüber den Menschen, die die frohe Botschaft noch nicht erhalten haben, ein König ist verantwortlich für sein Volk usw.

Verantwortung haben wird in der Bibel gleichgesetzt mit Herrschaft oder Haupt sein. Herrschaft und Haupt sein wird im biblischen Kontext wiederum gleichgesetzt mit Liebe üben. Gott selbst ist hierfür das beste Beispiel: Er möchte der Herr sein in unserem Leben. Weshalb? Damit er seine Liebe in unserem Leben zeigen kann. Damit er sich «verherrlichen» kann. Damit er die Qualität seiner «Herrschaft der Liebe» zum Ausdruck bringen kann.

Herrschaft oder Hauptsein in der Bibel ist immer gleichgesetzt mit der Aufgabe eine «Initiative der Liebe» zu ergreifen – was wiederum nichts anderes ist, als aus Respekt und Wertschätzung Interesse und Engagement zu entwickeln.

Wo keine Liebesinitiative mehr ergriffen wird, wo keine liebende Herrschaft mehr wahrgenommen wird, entsteht Mangel. Die Abnahme gesunder Autoritäten geht immer einher mit Abnahme der Liebe. Unsere Gesellschaft hat in bisher unbekanntem Mass Autoritäten abgeschafft, gleichzeitig ist unsere Zeit aber auch lieblos geworden.

Gerade Christen sollten sich nicht vom antiautoritären Mainstream unserer Zeit mitreissen lassen, sondern zurückfinden zum eigentlichen Verständnis von Haupt sein und Herrschaft. Nämlich Menschen zu sein, die sich für andere interessieren, Verantwortung übernehmen, Anliegen erkennen und sich mit ganzem Herzen für das Gute einsetzen – sprich lieben.

Kapitel 10
Liebe basiert auf dem freien Willen des Anderen

Hat der Mensch überhaupt einen freien Willen?

Freier Wille und Verantwortung gehören zusammen. Hat jemand nicht Entscheidungsfreiheit – ist er einfach von irgendjemandem oder irgendetwas gesteuert – kann er auch nicht verantwortlich gemacht werden.

Kaum jemand wird die Sonne dafür für schuldig erklären, wenn ich mir einen Sonnenbrand hole. Die Sonne kann ja nicht aus sich heraus den Standort wechseln, die Intensität ihrer Sonnenstrahlen regulieren oder einfach dort wo ich stehe, nicht scheinen. Also ist sie nicht für meinen Sonnenbrand im tieferen Sinne verantwortlich. Ich dagegen trage diese Verantwortung. Der Grund für diese Verantwortung liegt in der Wahlmöglichkeit, mich der Sonne auszusetzen oder nicht. Ich kann an ein schattiges Plätzchen wechseln, kann zweckmässige Kleidung tragen oder kann mich mit Sonnencreme schützen. Ich setze mich «freiwillig» dem Sonnenschein aus oder nicht.

Die Sache mit dem freien Willen ist aber dennoch nicht so einfach. Wie weit hat eine Pflanze oder ein Tier einen freien Willen? Wo ist der Mensch unterschiedlich? Auch eine Pflanze oder ein Tier reagiert auf die Sonne. Weshalb kriegen Tiere aber so selten einen Sonnenbrand – und wenn

– sind sie meistens krank oder sehr alt? Ohne biologisch in die Tiefe zu gehen, lässt sich schnell erkennen, dass Tiere und sogar Pflanzen grundsätzlich immer «vernünftig» handeln. Gerade Tiere sind ja eigentlich vorbildlich: Sie pflanzen sich fort, schützen ihre Jungen, sie pflegen sich praktisch ununterbrochen und auch wenn sie töten, beschränken sie sich auf das für das eigene Überleben nötige Mass. Das hat auch einen Grund: Obwohl Pflanzen und Tiere Leben in sich haben und deshalb von toter Materie zu unterscheiden sind, sind sie doch zum Guten gesteuert (wenn auch betroffen von der Vergänglichkeit der Kreatur, die sich nach Erlösung und Unvergänglichkeit sehnt, siehe Römerbrief 8, 18ff).

Soweit unsere Wissenschaft das bis heute ergründen konnte, sind in den Zellen äusserst fähige und komplizierte «Programme» dafür verantwortlich, dass Pflanzen und Tiere agil auf Umstände und Situationen reagieren können. Auch viele Tiere haben Gehirne und sind sogar lernfähig. Dennoch ist ihr Verhalten stark an ihren Instinkt gebunden. Das kommt beispielsweise dann zum Vorschein, wenn ein lebenslang zahmer Tiger plötzlich zum wilden Tier wird.

Sind wir Menschen aber wirklich anders? Und wenn ja – worin sind wir anders? Die Antwort ist an sich einfach: Wir haben die Möglichkeit, uns für oder gegen das Gute – für oder gegen Gott – zu entscheiden.

Trotz dieser Freiheit ist auch der Mensch nicht in allen Dingen frei und unabhängig. Die totale Freiheit gibt es nicht. Auch der Mensch ist eingebunden in die Naturgesetze und in die Gesetze seiner Art. Der Mensch ist kein Kamel und braucht häufiger Wasser und Nahrung. Er ist kein Fisch und muss atmen. Er ist keine Amöbe und muss schlafen.

Dennoch ist der Mensch kein Tier. Er hat nämlich im Verlauf seines Lebens mindestens in einem Fragen-Komplex die Freiheit der Entscheidung. Nämlich ob er lieben will oder ob er egoistisch ist. Diese Frage stellt sich grundsätzlich in Verhältnis zu seinem Schöpfer. Sie stellt sich aber auch täglich x-fach in den Motiven und Zielen seines Tuns und speziell im Verhältnis zu seinen Mitmenschen. Der Mensch hat die Wahl zwischen zwei Lebensmodellen. Und je nach dem wie er sich entscheidet, werden sich die einzelnen Fazetten seines Lebens völlig unterschiedlich entwickeln.

Wie sieht die Bibel den freien Willen des Menschen?

Schon bei der ersten Erwähnung des Menschen in der Bibel wird die grundsätzliche Zielsetzung Gottes für den Menschen erwähnt. Sie sollen herrschen! Herrschaft im biblischen Kontext bedeutet aber immer auch: Sie sollen lieben.

> *1. Mosebuch 1,26*
> *Und Gott sprach: Lasset uns Menschen machen, ein Bild, das uns gleich sei, die da herrschen über die Fische im Meer und über die Vögel unter dem Himmel und über das Vieh und über alle Tiere des Feldes und über alles Gewürm, das auf Erden kriecht.*

Herrschaft beinhaltet die Möglichkeit, Entscheidungen zu treffen und Verantwortung zu übernehmen. Hier war es die Verantwortung über die von Gott anvertraute Schöpfung.

Ein weiterer konkreter Verantwortungsbereich wird im 1. Mosebuch 2,15 genannt:

Und Gott der HERR nahm den Menschen und setzte ihn in den Garten Eden, dass er ihn bebaute und bewahrte.

Nun – die Aufgaben, zu herrschen, zu bebauen und zu bewahren, sind an sich noch keine Hinweise für einen freien Willen. Menschen hätten ja von Gott wie biomechanische Roboter eingesetzt werden können – wenn gleich dann auch die Aussage, dass Gott sich vorgenommen hatte, Menschen nach seinem Bilde zu machen, schwierig zu verstehen wäre.

Dennoch gibt es sehr konkrete Hinweise für den freien Willen des Menschen:

1. Mosebuch 2,16-17
Und Gott der HERR gebot dem Menschen und sprach: «Du darfst essen von allen Bäumen im Garten, aber von dem Baum der Erkenntnis des Guten und Bösen sollst du nicht essen; denn an dem Tage, da du von ihm issest, musst du des Todes sterben.

Der obige Text sagt eigentlich nichts anderes als: Du sollst nicht von diesem Baum essen, tust du es dennoch, hat es schlimme Konsequenzen….» Damit stehen zwei Möglichkeiten offen: Essen oder nicht essen. Gleichzeitig wird der Mensch in dieser Entscheidungsfreiheit auch verantwortlich für die aus seinem Handeln entstehenden Konsequenzen.

Gott hat dem Menschen «geraten» was er tun oder lassen soll. Er hat es aber nicht bestimmt, programmiert oder festgelegt. Der Mensch kann von der Frucht dieses Baumes essen oder nicht.

Welche Frucht hat den dieser Baum gehabt? Das Essen dieser Frucht war verbunden mit der Erkenntnis von Gut und Böse. Das Gute kannten Adam und Eva ja bereits aus der Gemeinschaft mit Gott, aus der Fülle seines Gartens und der sie umgebenden Schöpfung. Sie gewannen mit dem Essen der Frucht nur die Erkenntnis des Bösen hinzu. Die Geschichte des Sündenfalles zeigt uns dann auch sehr deutlich, was Adam und Eva dazu führte aus der Liebe zu fallen und sich zum Lebensprinzip des Egoismus zu «bekehren».

Mit ihrem Entscheid für oder gegen Gott entschieden sich sich auch für oder gegen den Tod. Gleiches wird uns im neuen Testament gezeigt:

Johannesevangelium 3,16-19
Denn also hat Gott die Welt geliebt, dass er seinen eingeborenen Sohn gab, damit alle, die an ihn glauben, nicht verloren werden, sondern das ewige Leben haben. Denn Gott hat seinen Sohn nicht in die Welt gesandt, dass er die Welt richte, sondern dass die Welt durch ihn gerettet werde.

Wer an ihn glaubt, der wird nicht gerichtet; wer aber nicht glaubt, der ist schon gerichtet, denn er glaubt nicht an den Namen des eingeborenen Sohnes Gottes. Das ist aber das Gericht, dass das Licht in die Welt gekommen ist, und die Menschen liebten die Finsternis mehr als das Licht, denn ihre Werke waren böse.

So wie im Paradies ein Baum der Entscheidung stand, der Adam und Eva täglich herausforderte, sich für oder gegen Gott zu entscheiden und sie sich letztlich gegen Gott entschieden, so sandte Gott seinen Sohn in die Welt. Und nun muss sich jeder Mensch entscheiden, ob er über den Glauben an die Erlösung in Christus zurück in ein Leben mit dem himmlischen Vater kommen will oder nicht.

Und wieder stellt sich uns eine Entweder-oder-Frage: Wer glaubt, wird nicht gerichtet, die Trennung wird aufgehoben. Wer nicht glaubt, wird gerichtet und die Trennung zwischen Gott und Mensch wird für die Ewigkeit gültig.

Auch der Inhalt der Entscheidung wird wiederholt: Wollen wir Licht oder Finsternis – wollen wir das Gute oder das Böse?

Es wird also deutlich, dass sich jeder Mensch in jedem Fall entscheiden muss – für oder gegen das Gute – für oder gegen die Liebe – für oder gegen Gott.

Was haben freier Wille und Liebe miteinander zu tun?

Nun kann jemand auch seinen VW Golf GTI lieben und seine ganze Zeit, sein ganzes Geld und seinen ganzen Gefühle in sein Auto stecken. Dieser Golf GTI hat sicher keinen freien Willen. Dennoch wird der «Autoliebhaber» auch von seinem Auto wie von einer Braut sprechen. Aber ist das Liebe? Was kann aus dieser Beziehung zwischen dem Autohalter und dem Auto entstehen? Kann das Auto die Liebe erwidern? Wird aus dieser Beziehung etwas Fruchtbares hervorgehen? Nein. Letztlich bleibt das schöne Auto etwas, das auf den Autohalter zurückfällt und deshalb nicht letztlich uneigennützig – also echte Liebe ist.

Etwas schwieriger ist das Verhältnis zwischen Mensch und Tier. Natürlich reagiert ein Pferd, ein Hund oder eine Katze auf die Art und Weise wie wir mit ihm umgehen. Aber wissen nicht gerade jene, die sich am Besten mit Tieren auskennen, dass Tiere halt einfach ihre Instinkte haben und denen gehorchen müssen?

Nur der Mensch hat wirklich die Freiheit «Nein» zu sagen. Und gerade diese Möglichkeit des «Neins» macht sein «Ja» so wertvoll. Das weiss jeder Mann, der eine wunderbare Frau kennenlernte und dann mit vielleicht bangem Herzen um ihre Hand anhielt, wissend, dass die Frau auch «Nein» sagen könnte. Gott selbst sieht sich als Bräutigam, der um uns als Braut wirbt:

Jesaja 62,5
Denn wie ein junger Mann eine Jungfrau freit, so wird dich dein Erbauer freien, und wie sich ein Bräutigam freut über die Braut, so wird sich dein Gott über dich freuen.

Dass wir für Gott so wichtig sind, dass er mit solcher Intensität um unser widerspenstiges Herz wirbt, ist schwer fassbar. Aber er tut es:

Matthäusevangelium 23,37
Jerusalem, Jerusalem, die du tötest die Propheten und steinigst, die zu dir gesandt sind! Wie oft habe ich deine Kinder versammeln wollen, wie eine Henne ihre Küken versammelt unter ihre Flügel; und ihr habt nicht gewollt!

Seine Liebe zu uns geht soweit, dass er den höchst möglichen Preis zahlte, als wir noch absolut nichts von ihm wissen wollten.

Römerbrief 5,8
Gott aber erweist seine Liebe zu uns darin, dass Christus für uns gestorben ist, als wir noch Sünder waren.

In all diesen Liebesbeweisen wird aber eines deutlich. Gott respektiert ein Nein. Im 1. Timotheusbrief 2,4 steht, dass Gott will, dass alle Menschen gerettet werden und zur Erkenntnis der Wahrheit kommen. Dennoch werden einige

Menschen in der Ablehnung Gottes verharren und letztlich in der Hölle, dem ewigen getrennt sein von Gott landen.

Matthäusevangelium 7,21
Es werden nicht alle, die zu mir sagen: Herr, Herr!, in das Himmelreich kommen, sondern die den Willen tun meines Vaters im Himmel.

Dass der grosse und mächtige Schöpfer zulässt, dass sich Menschen gegen ihn entscheiden, obwohl er sie liebt, ist ebenfalls Ausdruck seiner Liebe und seines Respekts gegen die Würde und den freien Willen des Menschen.

Genauso sind wir gehalten, den freien Willen unserer Mitmenschen zu akzeptieren. Wir sollen in gleicher Weise darum werben, Menschen lieben zu dürfen. Wir sollen uns aber nie aufdrängen oder andere sogar mit unserer Liebe «vergewaltigen". Es wäre keine Liebe mehr.

Kapitel 11
Bestimmung und Bedürfnisse – Wegweiser der Liebe

Wo liegen unsere Mängel?

Im Kapitel 9 haben wir die Bedeutung eines tiefgehenden Interessens am Geliebten erörtert. Die Auseinandersetzung mit dem Geliebten ist ein zentraler Punkt im Liebesprozess. Damit die Liebe zum Zuge kommen kann, braucht es zuerst Erkenntnisse über Bereiche, die ungenügend oder mangelhaft sind, in denen die Liebe eingreifen kann. Woran erkennt man aber einen Mangel?

Diese scheinbar einfache Frage ist hoch komplex. Für die meisten von uns wäre ein Leben am Nordpool grausam und kalt. Die Inuit-Eskimos möchten aber an keinem anderen Ort der Welt leben. Leiden Sie dort oben am Nordpool unter Mangel? Brauchen sie liebende Wärme? Müssen wir sie umsiedeln?

Sehr oft empfinden wir das als mangelhaft, was von unseren persönlichen Massstäben und Vorlieben abweicht und streben wir das für den anderen an, was wir selbst für erstrebenswert erachten. Missachtend, dass mein Gegenüber vielleicht andere Massstäbe und Vorlieben hat. Der Vater möchte unbedingt, dass sein Junge Arzt wird. Die Mutter sucht für ihre Tochter ständig gute mögliche Ehemänner.

Was ist wirklich gut und was ist wirklich schlecht. Was gilt absolut und ist nicht nur einfach für unseren Kulturkreis gültig oder entspricht unserem Erfahrungskontext. Tausende von lieblosen Diskussionen entspringen zum Beispiel der Diskussion um «gute» Musik, oder um die richtigen Kleider. Dabei waren vor 150 Jahren jene Röcke, die heute als hochanständig gelten, die Bekleidung käuflicher Damen. Wir brauchen nicht das Wissen um die richtigen Formen, sondern Erkenntnis über das Gute und Richtige. Erst aus der Erkennung eines guten Ziels, werden die konkreten Bedürfnisse des Geliebten sichtbar und kann die Liebe handelnd eingreifen.

Ein Beispiel: Ich möchte gerne das Matterhorn besteigen. Dieses Ziel ist lohnend. Von der Spitze hat man einen wunderbaren Überblick über die gesamte Alpenwelt. An diesem Ziel erkenne ich meine relevanten Mängel. Ich habe zu wenig Kondition. Meine Ausrüstung ist unvollständig. Ich brauche Transportmittel bis nach Zermatt (den Rest kann ich zu Fuss gehen) und ich brauche eine gangbare Route um den Berg besteigen zu können. Diese Mängel, sind hinsichtlich der geplanten Bergtour, die wahren Bedürfnisse. Ich könnte natürlich auch noch andere Bedürfnisse nennen: Ich möchte gerne auf der gesamten Bergtour Musik hören. Ich möchte die Tour in leichter Bekleidung ausführen, da ich sonst zu sehr schwitze. Die Bergtour soll nicht in Anstrengung ausarten. Es ist mir wichtig, dass ich an diesem Tag möglichst braun werde. Diese Bedürfnisse sind mit Blick auf die Ersteigung des Matterhorns unwichtig oder sogar falsch. Die Bedeutung dieser Bedürfnisse zeigt sich an den möglichen Konsequenzen. Wer Fehleinschätzungen begeht, kann am Matterhorn sterben.

Gott argumentiert in seinem Wort auf die selbe Weise. Die Gebote Gottes sind dieser absolute Massstab. Sie sind aber noch nicht die Kraft auf dem Weg. Sie sind nicht dazu da, dass wir die richtigen Wege locker gehen können. An den

Geboten der Liebe erkennen wir unsere Mängel, unseren Egoismus.

> ***Römerbrief 3,20***
> *... weil kein Mensch durch die Werke des Gesetzes vor ihm gerecht sein kann. Denn durch das Gesetz kommt Erkenntnis der Sünde.*

Das Erkennen guter oder richtiger Ziele für den Geliebten und das Herausfinden der daraus sich ableitenden wahren Bedürfnisse ist eine zentrale Aufgabe, der sich die Liebe stellt.

Die Suche nach den «guten» Zielen

Das Lexikon umschreibt das Wort «gut» mit «so wie es sein sollte» oder «ohne Mangel». Die Liebe strebt also mit Blick auf das geliebte Objekt zu einem idealen = guten Zustand. Sie sucht die Fülle als Gegenpool zum Mangel. Man könnte das auch mit dem Begriff «SOLL» umschreiben.

Was ist aber «gut». Ja wie sollte es denn sein? Was erfüllt uns? Was macht uns glücklich? Wie kommen wir an das Ziel? Wie werden wir fähig, das zu tun, was wir für richtig erachten? Die Antwort auf diese Fragen war noch nie einfach, fällt der heutigen Gesellschaft aber noch schwerer als den Menschen vor 50, 100 oder 500 Jahren. Das hat zwei Gründe.

Relativismus
Der moderne Relativismus (Überzeugung, dass alle Erkenntnis nur relativ und nicht absolut ist) lehnt es ab, dass es zu bestimmten Fragen generell gültige Antworten gibt. Aus dieser Optik gibt es nichts absolut Gutes, sondern nur etwas, das im Moment für jemanden stimmt. Das lässt sich im Reli-

giösen einfach belegen. War in unseren Landen noch vor kurzer Zeit das Christentum die unbestrittene Antwort auf die Frage nach Erlösung, werden Islam, Hinduismus, Buddhismus und andere Religionen heute gleichwertig als mögliche Lösungen neben den christlichen Glauben gestellt.

Die Folgen dieses Relativismus sind heute allerorts sichtbar. Unsere Gesellschaft ist in ausserordentlich vielen Fragen orientierungslos. Die Jugend schreit bereits wieder nach verbindlichen Wertvorstellungen. Auch in der Christenheit ist der Relativismus – vor allem mit Blick auf das Wort Gottes – fatal. Gilt Gottes Wort nur relativ, können wir die biblischen Antworten nicht mit Konsequenz anwenden. Die Gebote Gottes dürfen unsere Mängel nicht mehr vollends aufdecken. Das anzustrebende «Gute» wird auch relativ und Gegenstand persönlicher Interpretation und eigener Selbstverwirklichung.

Es ist in unserer Zeit absolut verpönt, dass Dinge noch absolut gelten. Wenn wir aber nicht mehr definieren können, was für einen Menschen – ja für eine Situation absolut gut ist, werden auch unsere Liebesbemühungen relativ sein. Versuch einmal einen Abgrund in zwei Sprüngen zu überqueren. Du wirst abstürzen – auch dann wenn du im ersten Sprung relativ weit gesprungen bist.

Pluralismus
Zudem leben wir in einer pluralistischen Multioptionsgesellschaft – einer Gesellschaft, die wie noch nie in der Geschichte der Menschen vorher Millionen von Möglichkeiten hat, sich zu betätigen, zu ernähren, zu vergnügen oder zu informieren. Das beginnt bei den 30 verschiedenen Müslisorten am Frühstückstisch, setzt sich fort über unsere Arbeitsplätze, die sich im Umkreis von Hunderten von Kilometern per Flugzeug, Bahn, Bus, Auto, Motorrad oder zur Fuss erreichen las-

sen, hin zur Freizeitgestaltung mit 100 Fernsehkanälen oder 300 möglichen Sportvereinen. Das alles permanent durchsetzt mit Musik aus unseren I-Pods, dem Vibrieren unserer Handys und der 24 Stunden – 7 Tage Online-Wahrnehmung des Weltgeschehens über Internet.

Dennoch hat sich an der Ausgangslage für die Liebe nichts geändert. Will die Liebe zum Guten verändern, muss sie wissen, worin es liegt.

Was ist gut für den anderen?

«Gut» ist an sich ein neutraler Begriff, der für sich alleine gar nichts aussagt. Ein Beispiel: Der Satz: «Michael ist gut» sagt eigentlich nichts. Absolut interpretiert lässt er sich schnell widerlegen, weil auch Michael Fehler macht oder manchmal egoistisch handelt. Weiter kommen wir mit diesem Satz nicht. Sagen wir aber «Michael ist gut in der Schule» erhält das «gut» Aussagekraft – nämlich in Bezug auf seine schulischen Leistungen. «Gut» ist also die Antwort auf eine konkrete Fragestellung – in unserem Fall auf die Frage: «Wie ist Michael in der Schule?».

Wenn die Liebe also das «Gute» für den Geliebten sucht, stellt sich dieselbe Frage. Auf welchen Bedarf des Geliebten, auf welche Fragestellung soll denn die Liebe mit der Suche nach dem Guten reagieren? Ist die Aufgabenstellung nicht wirklich klar, wird die Liebe nicht zielstrebig handeln können. Versucht der Liebende bloss generell Gutes zu tun, ohne dass die Aufgabenstellung, der Mangel klar ist, greift seine Initiative der Liebe zu kurz.

In der Praxis zeigen sich in diesem Zusammenhang viele Beispiele falscher Liebe. Wenn eine Raubkatze in einem wunderschönen (also guten) Käfig lebt, ist noch nicht gesagt, dass ihre wahren Bedürfnisse befriedigt sind, wahrscheinlich lebte die Raubkatze lieber in Freiheit. Auch wenn ich meiner Frau 100 wunderschöne Blumensträusse im Jahr bringe, ist es unsicher, ob meine Frau sich wirklich geliebt weiss. Im best ausgebauten Altersheim ist nicht sicher, ob sich die älteren Menschen nicht einfach abgeschoben fühlen. Und nicht zuletzt – selbst mit unserem Reichtum, mit dem wir uns viele gute Sachen leisten – sind wir wirklich glücklich?

Echte Liebe möchte also nicht einfach ein «Happy End», sie tut nicht einfach nur Gutes, sondern sie möchte tiefergehend zum Guten führen.

Eine Definition von Gut ist «so wie es sein sollte». Diese Erklärung des Wortes deutet darauf hin, dass es einen idealen Zustand gibt. Das Wort «Ideal» deutet darauf hin, dass hinter einer Sache eine Idee, eine Absicht, ein Sinn stand. Derjenige der die Sache schaffte, hatte damit ein Ziel, formulierte wie die Sache sein sollte. Ist dieses Ziel erreicht, ist die Sache gut.

Wollen wir in unserer Frage nach den guten Zielen der Liebe also einen Schritt weiter kommen, müssen wir uns mit dem Sinn, der Bestimmung des Geliebten weiter auseinandersetzen.

Haben wir eine Aufgabe in unserem Leben?

In unserer modernen Gesellschaft gilt das Evolutionsmodell, nachdem alles zufällig entstanden ist, als unumstössliches Erklärungsmodell für unser Universum, unsere Erde und alles was darauf ist. Gemäss dem Evolutionsmodell hat kein Gegenstand, keine Pflanze, kein Tier und kein Mensch höheren Sinn oder Bestimmung. Alles ist eine Folge von Wirkungen, die sich zufällig über lange Zeiträume ergeben haben und so wie sie entstanden sind, auch wieder zerfallen können.

Schliessen wir aber eine höhere Bestimmung aus, kann das Ziel der Liebe höchstens darin liegen, vermeintliche «Mängel» auszuglätten und einander gegenseitig wohl zu tun. Der Evolutionist findet in dieser Liebe sicher sofort wieder einen Handlungsvorteil gegenüber jenen die nicht lieben und damit eine Bestätigung für seine Theorie der selektiven Durchsetzung stärkerer Elemente gegenüber schwächeren.

Im krassen Gegensatz zum modernen Evolutionsmodell, hat die Schöpfung an sich und der Mensch im Speziellen aus biblischer Sicht einen Sinn, einen Zweck, eine Bestimmung. Sie wurden von Gott dem Schöpfer erdacht und gezielt einem Zweck zugeordnet. Zudem zeigt uns die Bibel, dass wenn ein Objekt seiner eigentlichen Bestimmung zugeführt wird, es die grösst mögliche Harmonie und Erfüllung erfährt (Siehe hierzu auch Kapitel 4).

Auch andere Religionen gehen davon aus, dass Natur und Mensch einer höheren Ordnung folgend eine Bestimmung kennen. In unzähligen Variationen werden dabei Sinn und Zweck der Dinge formuliert.

Die Aufgabe der Liebe ist es nun herauszufinden, welcher Sinn und welche Bestimmung wirklich hinter dem Geliebten stehen.

Die Bedürfnisse des Geliebten

Betrachten wir diese Herausforderung am Verhältnis zwischen einem Krebs-Patienten und seinem Arzt. Der Patient hat grosse Schmerzen auf der Lunge und kommt zum Arzt. Was passiert nun?

a) Der Arzt setzt sich mit seinem Patienten detailliert auseinander und erstellt eine Diagnose (er ermittelt den gegenwärtigen Zustand des Patienten) und erkennt den Mangel bzw. die Ursache des Leidens: Lungenkrebs.

b) Der Arzt überlegt sich, über welche Massnahmen und Mittel er den Patienten zur Gesundheit zurückführen kann.

Der Arzt in dieser Situation ist ein gutes Beispiel für eine tiefgreifende Auseinandersetzung und dem Umgang mit Bestimmung und daraus sich ableitenden Bedürfnissen. Betrachten wir den Arzt und sein Handeln etwas näher.

1. Der Arzt setzt sich intensiv mit der Situation des Patienten auseinander. Er befragt den Patienten. Dabei entwickelt der Arzt Mitgefühl. Damit er das Leiden wirklich beheben kann, versucht er den Grund des Übels zu ergründen. Er begnügt sich nicht mit einer oberflächlichen Untersuchung, sondern geht in die Tiefe. Er möchte nicht nur Symptombekämpfung betreiben, sondern das Leiden an der Wurzel behandeln. Er sucht den tiefsten Grund, welcher die Differenz zum Guten, zum «gesunden» Zustand verursacht.

2. Der Arzt ist Arzt. Damit jemand diesen Titel tragen darf, studiert er viele Jahre das Funktionieren des Menschen und seine möglichen Beschädigungen oder Krankheiten. Der Arzt verfügt mittels dieses Studiums einerseits über eine Menge an Fremdwissen, dass er sich selbst nicht erarbeitet hat und andererseits über viele Erfahrungen, die er mit der Anwendung dieses Wissens gemacht hat. Erst mit diesem Wissen kann er den Patienten richtig untersuchen und behandeln. Darüber hinaus ergänzt und erweitert der Arzt sein Wissen täglich über

Erfahrungen mit neuen Patienten, über Weiterbildungen oder über das zu Rate ziehen anderer Fachleute bzw. von Fachliteratur.

Das unter Punkt 1 beschriebene Handeln zeigt die Intensität mit welcher der Arzt sich um den Patienten kümmert.

Das unter Punkt 2 Behandelte macht die Voraussetzungen sichtbar, die der Arzt bereits mitbringen muss, damit er die wahre Ursache des Leidens finden und eine Therapie entwickeln kann, damit der Patienten wieder zu seiner «Bestimmung» – nämlich seiner Gesundheit – zurückfindet. Unabhängig vom Patienten, der gerade in seiner Praxis ist, kennt der Arzt nämlich bereits das «Gute», «Normale», «Richtige» hinsichtlich des körperlichen Zustandes eines Menschen. Er weiss, dass der Mensch gesund sein soll – frei von jeder Behinderung und von jeder Krankheit. Aus dieser Kenntnis kann er die konkreten Bedürfnisse des Patienten ableiten.

Die Kenntnisse des Arztes beschränken sich aber nicht nur darauf, dass er weiss, dass der Mensch gesund sein soll und wie ein gesunder Mensch anatomisch funktioniert. Sondern er weiss auch welche Verletzungen, Gebrechen und Krankheiten ein Mensch haben kann und wie diese zu behandeln sind.

Die gleichen Prinzipien gelten für die Liebe generell.
Der Liebende braucht in jedem Fall eine intensive Auseinandersetzung mit dem Geliebten. Eine Auseinandersetzung, die sich nicht mit der oberflächlichen Befriedigung ebenso oberflächlicher Bedürfnisse zufrieden gibt. Darüber hinaus braucht der Liebende wie der Arzt nebst Erfahrung auch Fremdwissen.

Kommen wir nochmals auf unser Arztbeispiel zurück. Die intensive Auseinandersetzung mit dem Patienten hätte anstelle des Arztes auch ein guter Freund des Patienten leben können. Der Patient hätte vom guten Freund sicher viel Liebe dabei erfahren. Er wäre getröstet, aber nicht geheilt worden.

Die Liebe wäre nicht ans Ziel gekommen – sprich der Patient wäre nicht gesund geworden, weil es die Kenntnisse eines Arztes bedarf, damit Lungenkrebs behandelt werden kann.

Echte Liebe tut nicht nur das Richtige, sondern sie kommt ans Ziel.

Kapitel 12
Wo findet Liebe das richtige «Know How»?

Damit die Liebe ihre volle Wirksamkeit erlangen kann, braucht sie nicht nur Interesse, eine konkrete Vorstellung der Bestimmung des geliebten Objektes und daraus abgeleitet die Erkenntnis über dessen wahre Bedürfnisse, sondern sie braucht auch Erkenntnis über die nötige «Therapie», den richtigen Weg von den Bedürfnissen zu deren Befriedigung.

Wie bei unserem Arztbeispiel kann das Wissen, dass es für die richtige «Therapie» braucht aus zwei Quellen stammen:

- Kenntnisse, die ich aus der Begegnung mit dem Geliebten gewinne – Erfahrungswissen

- Kenntnisse von Dritten – Offenbarungswissen

Kenntnisse aus der Begegnung mit dem Geliebten – Erfahrungswissen

Wie bereits im vorherigen Kapitel erläutert, erklimmen wir die erste Erkenntnisebene in der tiefgehenden Auseinandersetzung mit dem Geliebten selbst – in der Begegnung. Ich kann im Zusammenleben mit dem Geliebten viel über seinen Zustand, sein Funktionieren, seine Wünsche, seine Absichten und seine Probleme lernen.

Einige Beispiele: Bearbeite ich Holz, werde ich die besondere Beschaffenheit dieses Materials mit der Zeit kennen lernen und sie in mein Handeln einbeziehen. Wenn ich mich oft mit meinen Tulpen auseinandersetze, kann ich mit der Zeit lernen, dass sie Wasser brauchen, wenn sie ihre Köpfe hängen lassen. Auch das Winseln eines Hundes, oder sein Bellen werde ich mit der Zeit verstehen. Und gerade im Zusammenleben mit anderen Menschen können wir mittels der Sprache viel über die Wünsche und Anliegen unserer Nächsten erfahren.

Diese Begegnung mit dem Geliebten ist unabdingbar. Auch wenn ein Arzt viel weiss und viele Patienten schon erlebt hat, kommt er doch nicht um die intensive Auseinandersetzung mit dem Patienten herum.

Möchten wir lieben, ohne uns mit dem Geliebten intensiv auseinander zu setzen, handeln wir aus Vorurteilen. Es genügt nicht, dass wir bereits viel über den Geliebten an sich wissen, wir brauchen eine Begegnung. Einige Beispiele:

Wer einem Wellenreit-Profi gut zugehört hat, kann selbst noch nicht Wellenreiten. Es genügt nicht, einfach drei gute Ehebücher zu lesen, damit die Ehe klappt. Ferndiagnosen bei Patienten funktionieren in den wenigsten Fällen.

Liebe funktioniert nicht in der Theorie – sie braucht die Praxis. Liebe braucht die Begegnung. Liebe ist eine Beziehungssache. Wer nur mit dem Wissen von Dritten lieben will, ist zwar oft methodisch, verpasst aber die Anliegen des geliebten Objektes und wird damit oft wieder lieblos.

Kenntnisse von Dritten
über den Geliebten – Offenbarungswissen

Die zweite nötige Erkenntnisstufe, die der Liebende braucht um richtig lieben zu können, kann er nur erklimmen, wenn er Fremdwissen von Dritten (Offenbarungswissen) mit einbezieht. Denn genau so wie theoretische Liebe ins Leere schlägt, greift praktische Liebe ohne Kompetenz zu kurz.

Sicher ist in vielen Situationen Anteilnahme eine sehr wichtige Komponente im Liebesprozess. Allein die Tatsache, dass jemand da ist, der sich interessiert, der zuhört, der zu verstehen sucht, lindert viel Not. Aber eben – die «echte» Liebe will langfristig nicht nur Not lindern, sondern diese beheben helfen. Deshalb bleibt sie bei der Anteilnahme nicht stehen, sondern geht weiter.

Aus der Begegnung mit dem Geliebten wird der Liebende viele Bedürfnisse erfahren. Es sind jene Bedürfnisse, die vom Geliebten selbst zum Ausdruck gebracht werden. Das Problem liegt nun darin, dass diese ausgedrückten Bedürfnisse sich nicht immer mit den eigentlichen, wahren Bedürfnissen decken. Einige Beispiele:

Ein Tiger hat einen kranken Zahn, trotzdem wehrt er sich gegen die Behandlung des Tierarztes. Gebe ich einem Hund soviel Futter wie er will, wird er zu dick und stirbt eventuell früher. Kinder möchten immer Süssigkeiten. Der Ehe-Mann möchte kein Fussball-Spiel der Champions League verpassen. Kindern sind warme Hosen, Jacken, Mützen und Handschuhen im Winter ein Graus, weil sie die Beweglichkeit behindern. Vor allem junge, männliche Autofahrer wünschen sich auf der Strasse ihre Freiheit ausleben zu können. Die westliche Weiblichkeit wünscht sich mehr Kleider, als sie tragen kann usw.

Orientiert sich die Liebe ausschliesslich an den Erkenntnissen, die sie aus der Begegnung mit dem Geliebten gewonnen hat, wird sie ihre eigentlichen Ziele nur bedingt erreichen. Das hat drei Gründe:

1. Das geliebte Objekt kann mir seine Bedürfnisse nicht oder nur unzulänglich mitteilen (Das dreimonatige Baby kann noch nicht sprechen und schreit – was muss ich tun?).

2. Das geliebte Objekt äussert Bedürfnisse, die nicht seinen wahren Bedürfnissen entsprechen (z.B. die Ernährungswünsche unserer Kinder, ihre Vorstellungen über Gebrauch von Fernsehen, Computerspielen und Verhältnis von Freizeit und Arbeit).

3. Das geliebte Objekt kennt seine Bedürfnisse nicht oder nicht tief genug (Der Patient hat Schmerzen auf der linken Brustseite, was macht mich wirklich glücklich...).

Erfahrungswissen contra Offenbarungswissen

Das Spannungsfeld zwischen reinem Erfahrungswissen und Offenbarungswissen lässt sich am Beispiel eines Ferraris (italienischer Sportwagen) deutlich machen.

Hinsichtlich der Frage, welchen Treibstoff dieses Fahrzeug braucht, damit es seine ganze Kraft entfalten kann, stehen die Möglichkeiten der Wissensgewinnung aus Erfahrung oder die Wissensgewinnung aus Offenbarung offen:

1. Ich kann versuchen über Erkenntnis aus der Begegnung (Erfahrung) diese Fragestellung zu klären. Ich kann über Versuche den richtigen Treibstoff rauskriegen. Ich beginne mal mit Wasser, gehe dann über zu

Alkohol, Olivenöl, Heizöl und lande dann bei Bleifrei 92 Oktan und steigere mich letztlich zum gewünschten Zieltreibstoff Super-Bleifrei-Benzin 98 Oktan.

2. Ich kann aber auch Enzo Ferrari (Erbauer und Namensgeber des Ferraris) fragen oder in der von ihm erstellten Betriebsanleitung für Ferraris nachlesen (Fremdwissen, Offenbarungswissen). Dort wird wahrscheinlich stehen, dass ich Super-Bleifrei-Benzin mit minimal 98 Oktan in den Tank einfüllen soll.

Was ist der Unterschied zwischen diesen beiden Methoden? Bei der Anwendung von Fremdwissen bin ich immer schneller am Ziel und erleide keine Verluste in Folge misslungener Versuche. Bei der Suche nach Wissen aus Erfahrung benötige ich sehr viel Zeit und verschleisse zwei bis drei Ferraris, bis ich die richtige Antwort auf die Aufgabenstellung gefunden habe. Habe ich keine zwei bis drei Ferraris, werde ich das Wissen über den richtigen Ferrari-Treibstoff nie erhalten. Trotzdem kommt Methode zwei relativ häufig zur Anwendung. Das hat einen Grund: Fehlt die Anleitung (Offenbarung) oder ziehe ich diese nicht zu Rate, bleibt nur das «Try and Error» der Versuch des Findens, über viele erfolglose Versuche.

Weshalb ist es nicht immer leicht, Offenbarungswissen anzuwenden?

Offenbarungswissen bedingt «Glauben»

Jede Gesellschaft auf unserem Planet gründet auf einem Wissen, dass sich einerseits über die Erfahrungen von Generationen aufgebaut hat, andererseits aber auch auf die Offenbarungen transzendenter Persönlichkeiten gründet. Selbst unsere so tief bewunderten Errungenschaften und Kenntnisse der Naturwissenschaft sind nur empirische

Erkenntnisse (Wissen aus Erfahrung). Was sich heute nicht erfahren lässt, ist hypothetisch oder spekulativ – sprich eine Frage des Vertrauens gegenüber der Wissensquelle.

Die Geschichte zeigt, dass selbst über Jahrhunderte gelebtes Erfahrungswissen keine Garantie für dessen Richtigkeit bedeutet. Die von Kriegen und Ungerechtigkeiten geprägte Weltgeschichte belegt eigentlich genau das Gegenteil. Diese Erkenntnis ist nicht neu. Bereits die Bibel spricht davon, dass das Volk das Gesetz Gottes braucht, damit es leben kann.

Sprüche 29,18
Wo keine Weissagung ist, wird das Volk zügellos; aber wohl ihm, wenn es das Gesetz bewahrt!

Ob nun das beigezogene «Offenbarungswissen» der Überlieferung der Väter entspringt, aus unseren Schulbüchern kommt, den heiligen Büchern irgendeiner Religion entnommen ist oder der Bibel, in jedem Fall muss dieses Wissen angewandt werden. Damit es angewandt wird, muss diesem Wissen vertraut werden. Der Anwender dieses Wissens muss überzeugt sein, dass die Grundlage worauf er handelt, glaubwürdig ist.

Offenbarungswissen ist also in jedem Fall vor der Anwendung eine «Glaubensfrage». Nach der Anwendung zeigt sich die Richtigkeit dieses Wissens oder eben die Unzulänglichkeit der Quelle.

Wer liebt, muss Glauben in Fremdwissen investieren und wird die Wirksamkeit des angewandten Wissens dahin überprüfen, ob der Geliebte wirklich das anvisierte Ziel erreicht.

Zusammenfassend kann festgehalten werden, dass die grösste Herausforderung der Liebe darin besteht, herauszufinden, was der Geliebte wirklich braucht um ans Ziel zu kommen, Nur derjenige, der beim Geliebten die «Bedarfs-Essenz» erkannt hat, kann wirklich lieben. Echte Liebe sucht dabei Wissen, das wirklich zum Guten führt.

Welches Offenbarungs-Wissen ist wirklich vertrauenswürdig?

Die Weisen der Bibel sind in ihrer Aussage zu dieser Frage unmissverständlich. Das Know How, das Fremdwissen, dass wir für unser Leben brauchen, kommt von Gott, unserem Schöpfer. Der biblische Gott ist die Quelle aller Offenbarung, die wir brauchen. Er ist selbst das Gute, die Liebe und er weiss alles. Diese zwei Kernkompetenzen sind Garantie, dass wir in der Orientierung auf ihn nicht fehl gehen werden. Das hat der Psalmist in Psalm 119 absolut erkannt. Eindrücklich beschreibt er seine totale Hingabe in der Orientierung auf Gott:

> *Psalm 119,2-12*
> *Wohl denen, die sich an seine Mahnungen halten, die ihn von ganzem Herzen suchen, die auf seinen Wegen wandeln und kein Unrecht tun. Du hast geboten, fleissig zu halten deine Befehle. O dass mein Leben deine Gebote mit ganzem Ernst hielte. Wenn ich schaue allein auf deine Gebote, so werde ich nicht zuschanden. Ich danke dir mit aufrichtigem Herzen, dass du mich lehrst die Ordnungen deiner Gerechtigkeit. Deine Gebote will ich halten; verlass mich nimmermehr! Wie wird ein junger Mann seinen Weg unsträflich gehen? Wenn er sich hält an deine Worte. Ich suche dich von ganzem Herzen; lass mich nicht abirren von deinen Geboten. Ich behalte dein Wort in meinem Herzen, damit ich nicht wider dich sündige. Gelobet seist du, HERR! Lehre mich deine Gebote!*

Gemäss der Schrift war niemand vor und nach Solomo so weise wie er. Auch dieser so weise Salomo verweist in der Quelle seines Wissens auf die Ausrichtung auf Gott:

Sprüche, 1-7
Dies sind die Sprüche Salomos, des Sohnes Davids, des Königs von Israel, um zu lernen Weisheit und Zucht und zu verstehen verständige Rede, dass man annehme Zucht, die da klug macht, Gerechtigkeit, Recht und Redlichkeit; dass die Unverständigen klug werden und die Jünglinge vernünftig und besonnen. Wer weise ist, der höre zu und wachse an Weisheit, und wer verständig ist, der lasse sich raten, dass er verstehe Sprüche und Gleichnisse, die Worte der Weisen und ihre Rätsel. Die Furcht des HERRN ist der Anfang der Erkenntnis...

Noch viel mehr als ein Arzt trotz aller Gelehrsamkeit Fremdwissen für seinen Beruf braucht, sind wir auf Wissen von Gott angewiesen. Seine Gebote und sein konkretes Führen durch den heiligen Geist über unser Gewissen können uns allein die Augen öffnen, über unsere Sündhaftigkeit, über Vergebung, über Auftrag, über die Bedürftigkeit unserer Nächsten und über die Art und Weise wie wir dieser Bedürftigkeit in Liebe begegnen können.

Kapitel 13
Die Liebe handelt

Liebe ist immer aktiv

Es liegt im Charakter der Liebe, dass sie nicht untätig an Not vorüber gehen kann. Wenn wir erfüllt sich von echter Liebe kann unser Terminkalender noch so voll sein, können unsere Mittel noch so beschränkt sein, tritt eine Not an uns heran, werden wir reagieren.

Echte Liebe kann nicht an Mangel vorüber gehen!

In unzähligen Beispielen beschreibt uns die Bibel die empfindsame Liebe des himmlischen Vaters und seines Sohnes Jesus Christus:

Matthäusevangelium 9,36
Und als er das Volk sah, jammerte es ihn; denn sie waren verschmachtet und zerstreut wie die Schafe, die keinen Hirten haben.

Matthäusevangelium 20,34
Und es jammerte Jesus, und er berührte ihre Augen; und sogleich wurden sie wieder sehend, und sie folgten ihm nach.

Lukasevangelium 15,20
Und er machte sich auf und kam zu seinem Vater. Als er aber noch weit entfernt war, sah ihn sein Vater, und es jammerte ihn; er lief und fiel ihm um den Hals und küsste ihn.

Mitleid (und es «jammerte» ihn...») – ist eine Ausprägung dieses Charakters. Barmherzigkeit geht noch weiter. Barmherzigkeit leidet auch dort noch mit, wo klar geworden ist, dass das Leiden selbst verursacht wurde.

Für die Liebe ist die Not Grund zum Handeln genug. Ob der Betroffene selbst schuld ist oder nicht, spielt bezüglich des liebevollen Eingreiffens keine Rolle. Diese Liebe hat uns Christus vorgelegt:

Römerbrief 5,8
Gott aber erweist seine Liebe zu uns darin, dass Christus für uns gestorben ist, als wir noch Sünder waren.

Gerade dieses Mitleiden, dieses Anteilnehmen aneinander, diese Solidarität der Liebe, ist für Gott das zentrale Anliegen für uns Menschen. Oft verwechseln wir aber Religiosität mit echter Liebe. Wenn wir Gott dienen wollen, sollen wir uns von der Liebe Gottes anstecken lassen. Dieses Spannungsfeld sehen wir im Beispiel des barmherzigen Samariters. Ein Mann ist auf dem falschen Weg – weg von der Stadt Gottes – hin zur verfluchten Stadt Jericho. Und auf diesem Weg fällt er – nicht ganz überraschend – unter die Räuber. Priester und Levit gehen vorüber. Aber der Samariter, der eigentlich religiös Verpönte, der liebt:

Lukasevangelium 10,30-37
Da antwortete Jesus und sprach: Es war ein Mensch, der ging von Jerusalem hinab nach Jericho und fiel unter die Räuber; die zogen ihn aus und schlugen ihn und machten sich davon und liessen ihn halbtot liegen. Es traf sich aber, dass ein Priester dieselbe Strasse hinabzog; und als er ihn sah, ging er vorüber. Desgleichen auch ein Levit: als er zu der Stelle kam und ihn sah, ging er vorüber. Ein Samariter aber, der auf der Reise war, kam dahin; und als er ihn sah, jam-

merte er ihn; und er ging zu ihm, goss Öl und Wein auf seine Wunden und verband sie ihm, hob ihn auf sein Tier und brachte ihn in eine Herberge und pflegte ihn. Am nächsten Tag zog er zwei Silbergroschen heraus, gab sie dem Wirt und sprach: Pflege ihn; und wenn du mehr ausgibst, will ich dir's bezahlen, wenn ich wiederkomme. Wer von diesen dreien, meinst du, ist der Nächste gewesen dem, der unter die Räuber gefallen war? Er sprach: Der die Barmherzigkeit an ihm tat. Da sprach Jesus zu ihm: So geh hin und tu desgleichen!

Liebe wirbt

Obwohl die Liebe handelt, übergeht sie nie die Würde des Geliebten. Weil Liebe auf Freiwilligkeit beruht, wirbt sie um die Gunst des Geliebten dahin gehend, dass sie aktiv werden darf.

Das gilt natürlich beim Werben eines Mannes um die Hand der Frau (auch wenn das heute altmodisch erscheint). Das Ziel des Werbens des Mannes sollte darin bestehen, dass er sich mit aller Kraft einsetzen möchte, die umworbene Frau glücklich zu machen.

Oder auch wenn Vater oder Mutter ihre noch unmündigen Kinder zum Gehorsam anhalten, respektieren gute Eltern die Würde des Kindes. Auch dies fordert die Schrift:

> ***Epheserbrief 6,4***
> *Und ihr Väter, reizt eure Kinder nicht zum Zorn, sondern erzieht sie in der Zucht und Ermahnung des Herrn.*

Das aus Liebe «werben» ist eines der hervorstechendsten Themen der Bibel. Der biblische Gott wirbt um uns Menschen in einer Vielfalt und Intensität, die nicht überbietbar ist. Dabei ist er bereit jeden Preis zu zahlen und sich durch nichts abhalten zu lassen, wobei er den Willen der Geliebten immer akzeptiert. In seinem Handeln sehen wir wie echte Liebe wirbt. Dieses Handeln lässt sich wie folgt unterteilen:

1. Liebe sucht den Geliebten

2. Liebe zeigt den Mangel des Geliebten auf

3. Liebe zeigt die angebotene Alternative in aller Deutlichkeit und mit allen Konsequenzen

4. Liebe fordert zu einer Entscheidung auf

5. Liebe lässt dem Geliebten Zeit, sich zu entscheiden

6. Liebe akzeptiert den Entscheid des Geliebten auch im ablehnenden Fall

7. Liebe wirbt bei anhaltender Not weiter – ohne den Entscheid des Geliebten zu unterwandern

Liebe ist kreativ

Das die Liebe kreativ ist, beweisen nicht nur die Tausenden von «Liebe ist...»-Sprüche. In der Auseinandersetzung mit dem Geliebten und dem Erkennen seiner wahren Bedürfnisse ergeben sich viele Möglichkeiten, liebevolles Handeln zu entwickeln – sprich Lösungen auf die erkannten Bedürfnisse zu finden.

Ein persönliches Beispiel:
Die berühmten Blumensträusse, die wir Männer in regelmässiger Folge unseren Frauen geben sollen, können durchaus Ausdruck echter Liebe sein. Meine Frau hatte Freude an

ihrem Beruf als Gärtnerin. Dennoch hat sie ihren Beruf aufgegeben um ganz für unsere Kinder da zu sein und mich in meiner Arbeit freizustellen und zu unterstützen. Das war und ist ihrerseits Liebe.

Meine Arbeit wird durch viele Kontakte mit Menschen wahrgenommen und geschätzt. Bei meiner Frau ist das anders. Die Wahrnehmung und Wertschätzung ihrer Arbeit liegt vor allem an mir und meinen Kindern. Das ist meine Verantwortung. Diese Aufgabenstellung kann ich nicht einfach delegieren. So selbstverständlich meine Frau ihre Familie liebt, liegt es auch an mir, sie zu lieben und in diesem Zusammenhang ihr die nötige Wertschätzung und Dankbarkeit zu vermitteln.

Also werde ich mir Mittel suchen, dies auszudrücken. Ein Weg dazu sind für meine Frau Blumen. Meine Frau liebt Blumen. Ihre Lieblingsblume ist die Sonjarose. Schenke ich ihr einen Blumenstrauss mit Sonjarosen, verbunden mit einem Dankeschön für ihre aufopferungsvolle Arbeit, habe ich sie geliebt. Nicht dass sie unbedingt Sonjarosen bräuchte – nein. Aber die Liebe wird darin sichtbar, dass ich überhaut an sie dachte, dass ich Blumen beschaffte, dass ich genau ihre Lieblingsblume kaufte, dass ich Danke sage und – das Wichtigste von allem – dass ich es ehrlich meine. All das zeigt meine Wertschätzung und ist Ausdruck meiner Liebe.

Nun nicht jede Frau liebt Blumen. So unterschiedlich wir Menschen sind, so unterschiedlich sind die Bedürfnisse und Wünsche. Grundsätzlich gilt aber: Wenn sich die Liebe an den eigentlichen Bedürfnissen und an der Bestimmung des Geliebten orientiert, wird sie kreativ und authentisch.

Ein anderes Beispiel:
In der Kindererziehung ist Liebe nicht immer nur in Form

von Zärtlichkeiten und Streicheleinheiten gefragt. Liebe zeigt auch Grenzen und lehrt Gehorsam gegenüber den Eltern. Gehorsam ist dabei nicht Selbstzweck, sondern wenn Kinder auf liebende Eltern hören, dient ihnen das zum Guten. Oder umgekehrt – Ungehorsam bringt Schaden. Mit diesem Verhalten leite ich mein Kind dazu an, dass es erfährt, dass sich Vertrauen bewährt. Hat es das erlebt, wird es viel leichter auch Gott vertrauen. Wie lehre ich meine Kinder nun diese Liebeslektion?

Ich werde also zuerst meinen Kindern all das geben, was es braucht – und zwar ohne, dass mich das Kind ständig darauf aufmerksam machen muss. So werde ich beispielsweise das Kind ausgewogen und ausreichend ernähren und hie und da über Süssigkeiten oder andere Dinge, die mein Kind besonders mag, zum Ausdruck bringen, dass ich dem Kind auch Freude schenken will.

Gleichzeitig werde ich mein Kind vorzeitig darüber informieren, was geschieht, wenn es sich fehlbefriedigt. Wenn es zum Beispiel Süssigkeiten stiehlt. Diese Warnungen werden so deutlich und klar sein, dass das Kind die Verantwortung für sein Verhalten übernehmen kann. Damit entscheidet sich das Kind bei Fehlverhalten selbst für die Strafe und sind es nicht die Eltern, die scheinbar willkürlich ein Verhalten ahnden. Das Kind wusste ja, was kommen würde.

Geht dann ein Kind einen falschen Weg, werde ich das Verhalten auch konsequent ahnden. Ich werde dem Kind zeigen, dass was die Eltern «prophezeiten» auch wirklich eintritt. Ein solches Verhalten wird Kindern zeigen, dass es Eltern gut meinen, dass es selbst aber Verantwortung hat für sein Handeln. So handelt auch Gott gegenüber uns. Im Himmel und in der Hölle werden einmal nur Freiwillige sein.

Liebe handelt bis zum «Happy End»

Echte Liebe handelt in zweifacher Hinsicht:

1. Sie ergreift alle nötigen Massnahmen um das Gute für den Anderen zu erreichen.

2. Sie lässt sich auf diesem Weg nicht aufhalten.

Liebe gibt nicht auf, bis sie das Ziel erreicht hat, das sich aus der Beschäftigung mit dem Geliebten zeigte. Sie bleibt nicht bei Absichtserklärungen – sie handelt ausdauernd. Dabei behält sie immer den Respekt vor der Entscheidungsfreiheit des anderen. Unermüdlich sucht sie neue Wege das zu tun oder zu verschaffen, was der andere wirklich braucht.

Will jemand tätig und anhaltend lieben, legen sich viele Hindernisse in den Weg. Es braucht oft Geduld bis die Liebe fruchtet. Es braucht Weisheit und ein Verständnis für das Gute. Kommt der Geliebte dann wirklich vorwärts, kann er uns in seinem Glück überflügeln. Neid wäre eine denkbare Auswirkung. Resignation und Verbitterung sind mögliche Folgen anhaltender Ablehnung unserer Liebe. Vielleicht sind wir auch in den Mitteln unserer Liebe oberflächlich oder einfach überfordert, den Fokus immer auf andere zu halten und nicht auf uns selbst. Wahre Liebe besteht aber diese Herausforderungen und lässt sich nicht abbringen vom eingeschlagenen Weg der Liebe.

Die treffendste Definition für diese Gesinnung findet sich nach meiner Einschätzung im 1. Korintherbrief im 13. Kapitel (Verse 4-7):

Die Liebe ist langmütig und gütig, die Liebe beneidet nicht, sie prahlt nicht, sie bläht sich nicht auf; sie ist nicht unan-

ständig, sie sucht nicht das Ihre, sie lässt sich nicht erbittern, sie rechnet das Böse nicht zu; sie freut sich nicht über die Ungerechtigkeit, sie freut sich aber der Wahrheit; sie erträgt alles, sie glaubt alles, sie hofft alles, sie duldet alles.

Wie bereits in früheren Kapiteln behandelt zeigt sich die Liebe Gottes in unserer Vollendung. Dass wir egozentrisch ausgerichteten Wesen aus unserer Unzulänglichkeit herausgerissen werden und zu Kindern des Schöpfers gemacht werden, zu Brüdern seines Sohnes, der vorher sein Leben opferte, zeigt diese unglaublich ausdauernde und alles gebende Liebe.

So ruft Johannes aus:

1. Johannesbrief 3,1
Seht, welch eine Liebe hat uns der Vater erwiesen, dass wir Gottes Kinder heissen sollen – und wir sind es auch! Darum kennt uns die Welt nicht; denn sie kennt ihn nicht.

Und genau so ist es auch. Schaut genau hin: Bei Gott können wir lernen, wie nachhaltige Liebe handelt.

Kapitel 14
Liebe ist nicht immer nur «nett»

Ohne Zurechtweisung keine Liebe

Gott hasst das Böse, aber er liebt den Sünder

Gott ist in seinem Wort bezüglich der Notwendigkeit von Zurechtweisung und konsequenter Ahndung von Bösem – also Egoismus – unzweideutig. Damit die Liebe mehr und mehr Raum findet, muss das Böse ausgerottet werden.

> *Psalm 97,10*
> *Die ihr den HERRN liebet, hasset das Böse!*

Die Interventionen der Liebe haben nicht nur die Dimension, das Gute auf jede erdenklich Art zu fördern, sondern gleichzeitig ist die Liebe mit Vehemenz aktive Gegnerin des Bösen in jeder Form und Gestalt.

Gott selbst hasst das Böse – aber nicht den Bösen. Er hasst die Sünde – aber nicht den Sünder. Das ist ein entscheidender Unterschied. In jeglichem Handeln gegen das Böse hat Gott das Ziel, dass der falsch handelnde Mensch von seinem Tun ablässt, sich dem Guten zuwendet und dabei selbst das Gute erfährt.

Hält jedoch ein Mensch am Bösen fest, wird er von der heiligen Liebe Gottes, die sich absolut von allem Bösen trennt, genauso getroffen, wie das Böse selbst. Tod ist ein anderes Wort für Trennung. Der leibliche Tod ist die Trennung vom biologischen Leben. Dieser kam durch die Sünde von Adam und Eva in die Welt.

Der geistliche Tod ist die Trennung vom geistlichen Leben in Gott. Wer nicht umkehrt, bleibt in dieser Trennung von Gott auf ewig. Das wird die Hölle sein.

5. Mosebuch 21,18-21
Wenn jemand einen widerspenstigen und ungehorsamen Sohn hat, der der Stimme seines Vaters und seiner Mutter nicht gehorcht und auch, wenn sie ihn züchtigen, ihnen nicht gehorchen will, so sollen ihn Vater und Mutter ergreifen und zu den Ältesten der Stadt führen und zu dem Tor des Ortes und zu den Ältesten der Stadt sagen: Dieser unser Sohn ist widerspenstig und ungehorsam und gehorcht unserer Stimme nicht und ist ein Prasser und Trunkenbold. So sollen ihn steinigen alle Leute seiner Stadt, dass er sterbe, und du sollst so das Böse aus deiner Mitte wegtun, dass ganz Israel aufhorche und sich fürchte.

Die rechte Zurechtweisung
Wir können das radikale Vorgehen Gottes gegen Böses nur verstehen, wenn wir die Liebe dahinter gegenüber dem Bösen, dem Sünder sehen und den Wunsch, dass dieser in den Lichtkreis der Liebe Gottes tritt.

Gott möchte eben nicht, dass wir auf ewig von ihm getrennt leben müssen. Deshalb ruft er uns, ermahnt er uns, weist er uns zurecht, ahndet er Böses sofort und mit aller Strenge. Die Hölle wird schrecklich sein. Weil Gott uns liebt, ist er so deutlich in seinem Ruf zur Umkehr und in seiner Zurechtweisung gegenüber unseren Verfehlungen. Seine Zurechtweisung ist immer Liebe.

Auf diesem Hintergrund wird verständlich, dass biblische Zurechtweisung, Kritik, Mahnung oder auch Gottes Gerichte und die Zulassung von Schicksalsschlägen in Menschenleben immer ein grosses Ziel haben: Menschen näher zu Gott und zu seiner Liebe zu führen.

Die deutschen Wörter «Zurechtweisung» und «Erziehung» zeigen konkret, um was es bei den entsprechenden Interventionen geht. «Zu-Recht-weisen» bedeutet jemanden auf den rechten Weg hinweisen. «Er-ziehung» bedeutet, dass jemand jemanden zu etwas hinzieht. Christliche Erziehung meint also das Hinziehen zum Leben mit Christus. Fehlt Zurechtweisung, werden Menschen weiter falsche Wege gehen. Ziehen wir andere nicht zu Christus, könnten sie ihn verfehlen. Das Resultat wäre grosses Leid. Liebe kann aber Leid nicht einfach hinnehmen. Deshalb sendet uns Gott hin in alle Welt, die Menschen auf die geistlichen Sachverhalte hinzuweisen und die Menschen zur Versöhnung mit Gott aufzurufen:

2. Korintherbrief 5,20
So sind wir nun Botschafter an Christi Statt, denn Gott ermahnt durch uns; so bitten wir nun an Christi Statt: Lasst euch versöhnen mit Gott!

Generell ist die Notwendigkeit von Zurechtweisung in der Bibel vielfältig und deutlich belegt:

Spr 12,1
Wer Zucht liebt, der wird klug; aber wer Zurechtweisung hasst, der bleibt dumm.

Sprüche 13,24
Wer seine Rute schont, der hasst seinen Sohn; wer ihn aber liebhat, der züchtigt ihn beizeiten.

Sprüche 15,10
Den Weg verlassen bringt böse Züchtigung, und wer Zurechtweisung hasst, der muss sterben.

Hebräerbrief 12,6-8
Denn wen der Herr liebhat, den züchtigt er, und er schlägt jeden Sohn, den er annimmt.» Es dient zu eurer Erziehung, wenn ihr dulden müsst. Wie mit seinen Kindern geht Gott mit euch um; denn wo ist ein Sohn, den der Vater nicht züchtigt? Seid ihr aber ohne Züchtigung, die doch alle erfahren haben, so seid ihr Ausgestossene und nicht Kinder.

Offenbarung 3,19
Welche ich liebhabe, die weise ich zurecht und züchtige ich. So sei nun eifrig und tue Busse!

Weshalb tun wir uns mit Zurechtweisung so schwer?

Erziehung an sich ist heute schon sehr umstritten. Sie wird heute mehr so verstanden, dass wir Rahmenbedingungen schaffen sollen, die helfen, das Gute im Kern des Menschen freizulegen. Der moderne Mensch sucht deshalb keine Erziehung, sondern Entfaltung! Im Menschen ist aber kein guter Kern – sondern wir sind von Geburt an Sünder, Egoisten.

Auch in christlichen Kreisen verlagert sich das Schwergewicht im Zusammenleben auf die Schaffung eines Umfeldes, dass einen vermuteten guten Kern zur Entfaltung bringen soll. Entsprechend nehmen Zurechtweisung und Erziehung ab. Damit verlassen wir aber biblische Liebes-Prinzipien und setzen auf einem falschen Menschenbild der säkularen Welt auf.

Dazu kommt, dass wir Erziehung ausschliesslich mit Kindererziehung verbinden. Aus dem biblischen Zusammenhang ist Erziehung unter der Hand Gottes aber ein lebenslanger Prozess, in dem mich Gott aus meiner sündhaften Unmündigkeit durch den heiligen Geist zu einem Vater oder einer Mutter in Christus machen möchte. In unserem modernen

Gesellschaftskontext glauben wir aber, gegenseitige Erziehung nicht mehr nötig zu haben.

Verstärkt wird dieser Trend durch die zunehmende Haltung, dass Kritik nicht als Rat zur Besserung verstanden wird, sondern als Angriff auf die Person. Unsere Gesellschaft ist so egozentrisch ausgerichtet, dass jeder Schmerz, jede Beeinträchtigung meines Wohlbefindens als unangemessener Ein- und Angriff auf die eigene Person interpretiert wird. Wir wollen einfach, dass zu jederzeit mein Verhalten und Handeln gebilligt oder sogar gelobt wird. Bleibt das aus oder kommt sogar eine kritisierende Intervention, fühlen wir uns per se nicht geliebt. Wir prüfen gar nicht mehr, ob die Kritik zutrifft.

Und nicht zuletzt wird heute liebende Zurechtweisung deshalb abgelehnt, weil sie die moderne Toleranz torpediert. Der moderne Mensch will sich keinen absoluten Massstäben mehr unterordnen. Er will Lebensbezugspunkte – ja – aber diese möchte er persönlich für sich finden und leben. Keiner soll dem anderen in sein Leben dreinreden. Wenn es für den einen stimmt, soll dieser in Ruhe gelassen werden. Kommen dennoch von aussen Menschen, die zurechtweisen, werden diesen oft mit Begriffen wie «eingebildet», «besserwisserisch» bis «fundamentalistisch» oder «missionarisch» eingedeckt.

Das eine derart geprägte Gesellschaft sich entwickeln wird, sagte Paulus in seinem Brief an Timotheus bereits voraus.

2. Timotheusbrief 3,2-5
Denn die Menschen werden viel von sich halten, geldgierig sein, prahlerisch, hochmütig, Lästerer, den Eltern ungehorsam, undankbar, gottlos, lieblos, unversöhnlich, verleumderisch, zuchtlos, wild, dem Guten feind, Verräter, unbedacht, aufgeblasen. Sie lieben die Wollust mehr als Gott; sie haben

den Schein der Frömmigkeit, aber deren Kraft verleugnen sie; solche Menschen meide!

In diesem Text wird überdeutlich, dass die Bereitschaft radikal abnimmt, sich von aussen zum Guten beeinflussen zu lassen. Die Menschen werden los sein von den Eltern, los von Gott, los von der Liebe und los von der Zucht. Sie werden das Gute nicht mehr annehmen wollen, sondern hassen.

In einem solchen Umfeld ist es ausserordentlich schwer, dass Liebe noch landen kann. Der Mensch will sich nicht mehr helfen lassen. Er will sich nicht mehr (er)ziehen lassen. Er will einfach uneingeschränkt seinen eigenen Weg gehen und dabei wenn möglich noch Applaus ernten.

Die Auswerkungen dieser abnehmenden Liebe merkt auch unsere Zeit ganz konkret. Die Solidarität der Menschen untereinander nimmt ab. Immer lauter wird der Ruf nach staatlicher Intervention. Der Staat soll die Sozialwerke unterstützen, der Staat soll für die Rentner sorgen, für die Behinderten, für die Ausländer, für die Arbeitslosen, für jene, die kein Geld mehr haben – einfach für alle, die wir nicht mehr lieben wollen.

Auch im zwischenmenschlichen Zusammenleben werden jene Menschen seltener, die den Blick über das eigene Leben oder vielleicht noch die eigene Familie hinaus heben und andere Menschen im Fokus haben. Die Scheidungs- und Abtreibungsraten sind Ausdruck unserer zunehmenden Lieblosigkeit.

Die Liebe kühlt in unserer Zeit rasant ab. Sei dies bezüglich der geübten Liebe oder sei dies bezüglich zugelassener Liebe. Es ist so wie es Christus bereits vorhersagte:

> *Matthäusevangelium 24,12*
> *Und weil die Ungerechtigkeit überhandnehmen wird, wird die Liebe in vielen erkalten.*

Gerade deshalb sind jene Menschen, die die Liebe Gottes im Herzen haben und damit an das unerschöpfliche Reservoir seiner Liebe angeschlossen sind, herausgerufen, seine Liebe bewusst zu leben, das Gute zu suchen, gegen das Böse zu intervenieren, Menschen auf falschen Wegen anzusprechen und auf gute Wege hinzuweisen und sie auf diesen Wegen zu begleiten.

Gerade diese Liebe wäre das Erkennungsmerkmal echter Jünger Jesu:

> *Johannesevangelium 13,35*
> *Daran wird jedermann erkennen, dass ihr meine Jünger seid, wenn ihr Liebe untereinander habt.*

Die «Tonfrage» oder wie soll ich zurechtweisen?

Wann soll ich zurechtweisen

Im Gegensatz zur säkularen Welt ist unter den Christen immer noch ein Restverständnis vorhanden, dass wir Zurechtweisung und Erziehung brauchen. In christlichen Gemeinschaften wird deshalb oft nicht die Zurechtweisung an sich in Frage gestellt, sondern der Ton, mit der diese angebracht wird.

Wir tun uns heute schwer, Schuld beim Namen zu nennen. Ist diese offensichtlich, wird es noch schwieriger, entsprechende Konsequenzen zu entwickeln und diese in Einheit zu leben.

Wie weit sollen und dürfen wir gehen, wenn wir in anderen Leben sehen, dass Fehlverhalten vorhanden ist? Weshalb sollen wir überhaupt intervenieren? Wenn wir die Liebe Gottes in den verschiedenen Situationen seines Handelns betrachten und die bereits behandelten Prinzipien echter Liebe anwenden, finden wir Antworten auf diese Fragen.

Wertschätzung und Respekt:
Worin liegt unsere Handlungs-Motivation? Wenn uns das Gegenüber wirklich am Herzen liegt, werden wir auch angemessene Interventionen finden.

Mangel erkennen:
Wenn wir sehen, dass jemand egoistisch lebt oder konkretes Fehlverhalten pflegt, dann wissen wir, dass er Schaden und Leid davon trägt. Das kann Liebe nicht erdulden. Gleichzeitig können wir im Leben mit Christus und aus seinem Wort das Gute, die Handlungsalternativen erkennen. Aus diesem Spannungsfeld zwischen Mangel und eigentlich Gutes können wir ermessen, in welcher Intensität, Dringlichkeit und Art Fehlverhalten angesprochen werden soll. Es ist wie bei einer Verletzung, je grösser die Gefahr eines bleibenden Schadens oder sogar eines möglichen Ablebens ist, um so dringlicher sind zweckmässige medizinische Interventionen.

Liebe bis zum Schluss:
Wenn jemand wirklich liebt, wird er solange handeln, bis der andere das Gute gefunden hat. Er wird dabei nie den Respekt vor dem freien Willen des anderen missachten. Er wird aber auch nicht vorzeitig aufhören, zu lieben. Er wird eine gesunde Ausgewogenheit zwischen Ermahnung, Trost, Gemeinschaft, Fürsorge, Verständnis und Hilfe leben und dabei nie aus den Augen verlieren, dass die wahren Bedürfnisse des Geliebten im Fokus bleiben.

> *Philipperbrief 2,1-4*
> *Ist nun bei euch Ermahnung in Christus, ist Trost der Liebe, ist Gemeinschaft des Geistes, ist herzliche Liebe und Barmherzigkeit, so macht meine Freude dadurch vollkommen, dass ihr eines Sinnes seid, gleiche Liebe habt, einmütig und einträchtig seid. Tut nichts aus Eigennutz oder um eitler Ehre willen, sondern in Demut achte einer den andern höher als sich selbst, und ein jeder sehe nicht auf das Seine, sondern auch auf das, was dem andern dient.*

Wie soll ich zurechtweisen

In einer Zeit der relativen Werte wird auch eine klare Kommunikation selten. Man möchte den anderen nicht verletzen. Man möchte die Einheit der Gemeinschaft nicht beeinträchtigen. Man möchte das Positive betonen und damit die Freimütigkeit in der Gemeinsamkeit fördern. In all diesen Bemühungen scheint das Wort «Zurechtweisung» störend und hinderlich.

Auch in der Evangelisation stehen wir in der Gefahr, dass wir nur die positiven und freundlichen Aspekte von Gott Vater und Christus hervorheben. Dass sie unser Freund werden wollen. Dass sie unser Leben verbessern...

Das ist alles wahr. Aber darüber wird vergessen, dass wir Sünder sind, dass die Bosheit unseres Egoismus zuerst beseitigt werden muss, bevor Liebe wachsen kann. Also beginnt die Liebe mit dem Kampf gegen das Böse um später dann das Gute schenken zu können. Hierzu ist die klare Ansprache von Missständen unumgänglich. Diese klare Ansprache von Sünde und Not ist in der Bibel allgegenwärtig.

Gott spricht Verfehlungen immer kompromisslos deutlich an und ist in der Vergebung ebenso kompromisslos und liebevoll, wenn der Sünder von seinem falschen Wegen umkehrt.

Die Bibel fordert generell Offenheit und Transparenz.

Sprüche 27,5
Offene Zurechtweisung ist besser als Liebe,
die verborgen bleibt.

Epheserbrief 5,11
und habt nicht Gemeinschaft mit den unfruchtbaren
Werken der Finsternis; deckt sie vielmehr auf.

Auch Jesus hat diese Offenheit immer gelebt. Oft auf eine Art und Weise, die sein direktes Umfeld immer wieder irritierte:

Matthäusevangelium 23,27-33
Weh euch, Schriftgelehrte und Pharisäer, ihr Heuchler, die ihr seid wie die übertünchten Gräber, die von aussen hübsch aussehen, aber innen sind sie voller Totengebeine und lauter Unrat! So auch ihr: von aussen scheint ihr vor den Menschen fromm, aber innen seid ihr voller Heuchelei und Unrecht. Weh euch, Schriftgelehrte und Pharisäer, ihr Heuchler, die ihr den Propheten Grabmäler baut und die Gräber der Gerechten schmückt und sprecht: Hätten wir zu Zeiten unserer Väter gelebt, so wären wir nicht mit ihnen schuldig geworden am Blut der Propheten! Damit bezeugt ihr von euch selbst, dass ihr Kinder derer seid, die die Propheten getötet haben. Wohlan, macht auch ihr das Mass eurer Väter voll! Ihr Schlangen, ihr Otternbrut! Wie wollt ihr der höllischen Verdammnis entrinnen?

Worin erkennt man in der Kommunikation von Jesus die Liebe? Sind diese Wort nicht für die Pharisäer ungemein verletzend? Obwohl seine Worte hart und unmissverständlich sind, stimmt jedes Wort und zeigt es das Denken Gottes über diese Männer. Christus reagiert hier auf drastische Weise auf Menschen, die vorgeben, gut zu sein, im Herz aber Egoismus leben. Es ist Liebe, dass er ihnen die Wahrheit sagt und damit die Möglichkeit gibt, zu erkennen, dass sie auf falschen Wegen laufen. Dieser Text zeigt, dass Wahrheit wichtiger ist als taktvolle Rücksicht auf die Befindlichkeit der Zuhörer.

In einer weiteren Situation war Jesus mehr als deutlich:

> *Matthäusevangelium 16,23*
> *Er aber wandte sich um und sprach zu Petrus: Geh weg von mir, Satan! Du bist mir ein Ärgernis; denn du meinst nicht, was göttlich, sondern was menschlich ist.*

Jesus hatte seine Jünger aufgeklärt, dass er nach Jerusalem gehen werde und dort sterben muss. Petrus interveniert und möchte Jesus abhalten. Christus reagiert auf diesen Rat von Petrus mit obigen Worten.

Petrus wollte das menschlich Gute für Christus. Die Absicht von Petrus war aber keine völlige Liebe. Hätte Jesus auf Petrus gehört, wäre die Erlösung für Millionen von Menschen nicht geschehen. Jesus zeigt das Petrus in aller Deutlichkeit. Damit macht er auch klar, mit welcher Intensität er das geistliche Gute sucht und wie kompromisslos und heilig seine Liebe ist. Auch hier ist die Befindlichkeit von Petrus nach der Kritik Jesus weniger wichtig als die Zurechtweisung. Es ist für Jesus wichtiger, dass Petrus seine Lektion lernt, absolut dem Willen des Vaters zu folgen, als dass sich Petrus im Moment wohlfühlt.

Die Liebe muss beim Anderen landen können

Nicht in jeder Situation ist offene Zurechtweisung mit Worten der rechte Weg, um Menschen zur Hinwendung an Gott zu bewegen:

1. Petrusbrief 3,1
Desgleichen sollt ihr Frauen euch euren Männern unterordnen, damit auch die, die nicht an das Wort glauben, durch das Leben ihrer Frauen ohne Worte gewonnen werden,

Gerade unsere Zeit sucht authentische Zeugen handelnder Liebe. Das praktische Leben mit Gott ohne offene Worte kann eine stärkere liebende Zurechtweisung hin zu Gott sein, als manch wortreiche Predigt.

Echte Liebe ist eben nicht starr methodisch, sondern sie richtet sich immer wieder an der jeweiligen Situation des Geliebten aus.

Wie finden wir aber die Ausgewogenheit zwischen Zuwendung und Zurechtweisung, zwischen stillem Wirken in Liebe und aktivem auf den anderen Zugehen?

Letztlich brauchen wir immer die Führung Gottes. Er liebt, er kennt jeden Menschen, er weiss was dieser braucht, er kann mich ausrüsten mit dem was ich brauche an Weisheit und Kraft, dem anderen das zu geben, was er braucht. Er hat den Überblick und den Plan für unser Leben und die ganze Welt.

Wir können in vielen Lebenssituationen nicht ermessen, was letztlich wirklich zum Guten führt. Wenn wir uns aber Christi Führung durch seinen Geist anvertrauen, werden wir diese Wege finden. Auch hier ist uns Christus Vorbild geworden:

Johannesevangelium 4,34
Jesus spricht zu ihnen: Meine Speise ist die, dass ich tue den Willen dessen, der mich gesandt hat, und vollende sein Werk.

Gleiches wäre unsere Aufgabe:

> *Epheserbrief 2,10*
> *Denn wir sind sein Werk, geschaffen in Christus Jesus zu guten Werken, die Gott zuvor bereitet hat, dass wir darin wandeln sollen.*

Teil 3:

Praktische Liebe

«Wer aber durchschaut
in das vollkommene Gesetz der Freiheit
und dabei beharrt und
ist nicht ein vergesslicher Hörer,
sondern ein Täter,
der wird selig sein in seiner Tat.»

Jakobusbrief 1,25

Kapitel 15
Liebe im Alltag – wie geht das?

In den vergangenen Kapiteln habe ich versucht, die Liebe, deren Funktionieren und deren Auswirkungen in den Grundsätzen zu behandeln. Nachfolgend sind Sie als Leser herausgefordert, anhand der gestellten Fragen praktische Antworten zur Liebe in den einzelnen Bereichen zu finden. Sie können diese Fragen für sich bewegen. Sicher noch aufschlussreicher wäre der Austausch in einer Kleingruppe.

Wie ist Gott wirklich

Lesen Sie vor der Beantwortung der Fragen
folgende Bibelstellen:

- 2. Mosebuch 20.5-6
- 5. Mosebuch 7.8-9 und 13
- Nehemia 1.5
- Jeremja 3.19 und 18.7-8
- Jesaja 6.3
- Hosea 6.6
- Johannesevangelium 3,16 und 15.12
- Römerbrief 1.20 und 5.8
- 1. Johannesbrief 4.1-2
- 1. Johannesbrief 4.10
- 1. Johannesbrief 4.16 und Hebräerbrief 11.3

1. Frage:
Wie ist Gott? Wie lässt sich das Wesen Gottes
zusammenfassen? Was prägt sein Handeln?
Was ist seine Motivation?

_____

_____

2. Frage:
Worin zeigt sich die Liebe Gottes? Kann man die Liebe
Gottes auch heute noch persönlich erkennen und erfahren?

_____

_____

3. Frage:
Weshalb liebt Gott den Menschen?
Wie wichtig ist der Mensch für Gott?

_____

_____

4. Frage:
Welches sind die besonderen Eigenschaften,
in denen sich die Liebe Gottes erweist?
Umschreiben Sie den Begriff «heilig».

_____

_____

5. Frage:
Welche Bedeutung hat für Gott die Liebe?

_____

_____

Welche Auswirkungen hat Gottes Liebe auf mein Leben?

Lesen Sie vor der Beantwortung
der Fragen folgende Bibelstellen:

- 1. Mosebuch 1.1, 1.26, 1.28, 2.7, 2.15
- Sprüche 8.17, 8.21
- Zephania 3.17
- Johannesevangelium 3.18-20
- Römerbrief 8.29
- Epheserbrief 1.4 und 3.17-19
- Hebräerbrief 4.1
- 1. Petrusbrief 1.8-9
- 2. Petrusbrief 1.3-4
- 1. Johannesbrief 3.2:

Frage 6:
Wer ist der Mensch? Wo kommt er her?
Was ist seine Identität?

_____

_____

_____

Frage 7:
Welche Aufgabe hat der Mensch?
Worin liegt der Sinn eines Menschenlebens?

_____

_____

Frage 8:
Welche Zielsetzung hat Gott mit dem Menschen.
Was ist seine Bestimmung, sein Ziel?

_____

_____

Frage 9:
Wo wird der Mensch hinkommen, wenn er sich
der Liebe Gottes anvertraut? Welche Voraussetzungen
musste Gott schaffen, damit der Mensch überhaupt
mit IHM leben kann?

_____

_____

Frage 10:
Wo wird der Mensch hinkommen, wenn er sich
der Liebe Gottes verweigert? Weshalb wird die Trennung
von Gott so grausam und schlimm für den Menschen sein?

_____

_____

_____

Wie kann ich Gott lieben?

Lesen Sie vor der Beantwortung der Fragen folgende Bibelstellen:

- 5. Mosebuch 11.1, 11.8, 13.5
- Psalm 97.10
- Sprüche 19.7
- Matthäusevangelium 25.40
- Johannesevangelium 14.21 und 15.10
- Epheserbrief 5.20
- Kolosserbrief 1.12
- 1. Timotheusbrief 2.1-4
- 1. Johannesbrief 5.3
- 2. Johannesbrief 1.6
- Offenbarung 7.12

Frage 11:
Können wir Gott lieben? Lieben heisst einen anderen zu beschenken. Haben wir Gott etwas zu bringen?

_____

_____

Frage 12:
Hat Gott Bedürfnisse und wenn ja – welche?
Nennen Sie die verschiedenen Bereiche, in denen Gott
konkrete Bedürfnisse zum Ausdruck bringt.

_____

_____

Frage 13:
Womit kann ich Gott die grösste Freude bereiten?

_____

_____

Frage 14:
Wenn ich Gott lieben will, an welchen Zielgruppen
komme ich dann nicht vorbei? Versuchen Sie mindestens
3-5 Zielgruppen zu benennen.

_____

_____

Frage 15:
Weshalb will Gott von mir Dank und Anbetung?
Braucht Gott auch Lob oder hat das eine andere Ursache?

_____

_____

Wie soll und kann ich meinen Nächsten Lieben

Lesen Sie vor der Beantwortung der Fragen folgende Bibelstellen:

- 3. Mosebuch 19.33-34
- Sprüche 25.21
- Jesaja 58.7
- Markusevangelium 12.31 und 16.15
- Johannesevangelium 13.35
- Lukasevangelium 6.35
- 2. Korintherbrief 5.18-20
- Römerbrief 13.8
- Epheserbrief 5.28-29
- 1. Timotheusbrief 2.15 und 5.10
- Hebräer 13.6
- Jakobusbrief 1.27

Frage 16:
Was ist das Wichtigste, was meine Mitmenschen brauchen?

_____

_____

Frage 17:
Wie kann ich das Wichtigste meinem Mitmenschen bringen? Habe ich hier überhaupt einen persönlichen Auftrag?

Frage 18:
Welche Aufträge an den Mitmenschen gibt mir Gott in seinem Wort? Wie kann ich feststellen, ob ich an einem Menschen eine persönliche Aufgabe habe?

Frage 19:
Welches sind meine Nächsten? An welchen Menschen habe ich welche Aufträge? Gibt es hier unterschiedliche Prioritäten und wenn ja – welche?

Frage 20:
Nennen Sie verschiedene Formen, wie man seinen Nächsten lieben soll. Versuchen Sie dabei verschiedene Bereiche zu bezeichnen.

Liebe in der Ehe

Lesen Sie vor der Beantwortung der Fragen
folgende Bibelstellen:

- 1. Mosebuch 1.27, 2.18, 2.24
- Hohelied 2.3-9 und 4.10
- 1. Korinterbrief 7.1-40, 11. 3 und 11.11
- Epheserbrief 5.21-33
- Kolosserbrief 3.18-19
- Titusbrief 2.4
- 1. Petrusbrief 3.1-7

Frage 21:
Wieso bleibe ich nicht ledig? Was ist meine Motivation zu heiraten und in einer Ehe zu leben? Was ist das Ziel der Ehe? Welche Voraussetzungen müssen gemäss 1. Mosebuch 2.24 erfüllt sein, dass eine Ehe eingegangen werden kann?

_____

_____

Frage 22:
Wie soll und kann ein Mann seine Frau lieben? Welche Bedeutung hat die Frau für den Mann?

_____

_____

_____

Frage 23:
Wie soll und kann eine Frau ihren Mann lieben?
Welche Bedeutung hat der Mann für die Frau?

_____

_____

Frage 24:
Wie löst die Liebe Konflikte in der Ehe?
Welche Rolle hat der Mann? Welche Rolle hat die Frau?

_____

_____

Frage 25:
Wie kann ich auch als Lediger ein von Liebe erfülltes Leben leben? Wen kann ein Lediger anstelle eines Ehemannes oder einer Ehefrau lieben? Kann diese Liebe gleich erfüllend sein wie die Liebe in der Ehe?

_____

_____

Liebe zwischen Eltern und Kindern

Lesen Sie vor der Beantwortung der Fragen
folgende Bibelstellen:

- Sprüche 1.8, 3.11-12, 13.1, 13.24
- Sprüche 19.18, 23.13, 29.17
- Matthäusevangelium 7.9-11
- Markusevangelium 7.10
- Eheserbrief 6.1-2 und 6.4
- Kolosserbrief 3.20-21
- 1. Timotheusbrief 5.4
- Hebräerbrief 12.6-9
- Offenbarung 13.19

Frage 26:
Welche Aufgabe übernimmt jemand,
wenn er ein Kind zeugt?

_____

_____

Frage 27:
Weshalb ist die Bibel so rigoros in den Forderungen,
Kinder mit klarer Zurechtweisung und Züchtigung
zu erziehen? War das einfach eine andere Kultur?
Gelten diese Richtlinien auch heute und wenn ja – weshalb?

_____

Frage 28:
Was ist eine gute Kindererziehung?
Versuchen Sie Antworten auf verschiedene Bereiche
wie Zärtlichkeit, Geborgenheit, Strafe, Umgang mit Gott,
Umgang mit Schuld und Versagen, Wertvorstellungen
usw. zu finden.

Frage 29:
Worin können Eltern die grössten Erziehungsfehler
machen?

Frage 30:
Was müssen Kinder gegenüber den Eltern lernen?
Weshalb ist Respekt, Unterordnung, Gehorsam und Liebe
gegenüber den Eltern so entscheidend wichtig?
Welche Voraussetzungen müssen Eltern leben,
damit sie diese Haltung der Kinder auch fördern können?

Liebe am Arbeitsplatz

Lesen Sie vor der Beantwortung der Fragen
folgende Bibelstellen:

- 1. Mosebuch 1.26, 2.15, 3.17-19
- Sprüche 6.6, 26.14, 31.10-31
- Lukasevangelium 10.7
- Epheserbrief 6.5-9
- 1. Timotheusbrief 2.15, 5.18, 6.1-2
- Titusbrief 2.9
- 2. Thessalonicherbrief 3.7-10
- 1. Petrusbrief 2.15 und 18-20

Frage 31:
Was wären die ursprünglichsten Aufgaben und Arbeiten des Menschen? Gibt es klare Rollen für Mann und Frau? Welche Arbeiten hat der Mann, welche hat die Frau?

Frage 32:
Was ist die geistliche Begründung, dass Arbeit manchmal mühsam ist? Weshalb hat das Gott so eingerichtet?

Frage 33:
Wie kann und soll ein Arbeitgeber seinen Arbeitnehmer «lieben»? Bräuchten wir bei liebenden Arbeitgebern noch Gewerkschaften?

Frage 34:
Wie kann ein Arbeitnehmer seinen Arbeitgeber und die Arbeit «lieben»? Bräuchten wir bei liebenden Arbeitnehmern noch so ausgefeilte Arbeitsverträge?

Frage 35:
Ist geistliche «Arbeit» nur Theologen vorbehalten? Sollen vollamtliche Theologen auch wie normale Arbeitnehmer behandelt werden (Arbeitsverträge, Löhne usw.)? Welche Rechte und Pflichten sollen Vollamtliche (Prediger, Missionare usw.) haben?

Liebe in der Gemeinde

Lesen Sie vor der Beantwortung der Fragen
folgende Bibelstellen:

- Matthäusevangelium 18.6, 20.26
- Johannesevangelium 13.34-35, 15.12
- Römerbrief 12.9-21
- 1. Korintherbrief 12.12-31
- Philipperbrief 2.1-4
- 1. Petrusbrief 1.22
- 1. Johannesbrief 3.14, 3.17, 4.20-21

Frage 36:
Weshalb ist es Gott so wichtig,
dass wir unsere geistlichen Geschwister lieben?

___

___

Frage 37:
Wie funktioniert ein Körper – ein Leib?
Welche Voraussetzungen müssen erfüllt sein,
dass der Körper seine Aufgaben erfüllen kann?
Woher kommt die Kraft des Körpers?
Woher kommt das Leben des Körpers?

___

___

___

Frage 38:
Wie formulieren Sie eine gute geistliche Gemeinschaft?
Sofern es an Ihnen liegt: Welche Voraussetzungen und
Inhalte – welche Formen des Zusammenlebens – würden
Sie fördern, um eine gute geistliche Gemeinschaft
zu schaffen und zu erhalten?

_____

_____

Frage 39:
Wie behält eine geistliche Gemeinschaft Kraft zum Lieben?
Welche Bedeutung hat das Wort Gottes? Welche Bedeutung
haben die verschiedenen Gemeindetreffen? Gibt es
besonders wichtige Veranstaltungen?

_____

_____

Frage 40:
Wie soll eine geistliche Gemeinschaft mit Fehlverhalten
Einzelner umgehen? Wie weit soll Fehlverhalten geahndet
werden? Welche Zielsetzungen hat das Ahnden von
Fehlverhalten? Soll heute noch Gemeindezucht geübt
werden?

_____

_____

Kapitel 15: Liebe im Alltag – wie geht das?

Liebe gegenüber Obrigkeit und Land

Lesen Sie vor der Beantwortung der Fragen
folgende Bibelstellen:

- Sprüche 20.8, 20.26, 20.28, 22.11, 24.21, 25.5, 29.4
- Prediger 5.8
- Lukasevangelium 7.8
- Johannesevangelium 4.34
- Apostelgeschichte 5.29
- Römerbrief 13.1-3
- 1. Timotheusbrief 1.17, 2.1-2
- Titusbrief 3.1
- 1. Petrusbrief 2.13-17

Frage 41:
Unter welchen Voraussetzungen ist Herrschaft, Obrigkeit, Königtum, Haupt sein, Regierung von Gott eingesetzt?

_____

_____

Frage 42:
Welche Kernkompetenzen muss eine gute Obrigkeit erfüllen? Nennen Sie verschiedene Eigenschaften einer guten Obrigkeit.

_____

_____

Frage 43:
Auch Jesus lernte unter der Herrschaft und Obrigkeit Gottes zu leben? Weshalb ist das auch für jeden von uns so wichtig?

Frage 44:
Nach welchen Gesichtspunkten sollen wir leben wenn unsere Obrigkeit nicht gut ist und sich nicht an die Richtlinien göttlicher Anweisungen hält? Wenn eine Obrigkeit gottlos handelt, dürfen wir ihr einfach den Gehorsam verweigern?

Frage 45:
In welchen Bereichen haben wir auch Verantwortung als Herren, Häupter und Obrigkeiten? Wie weit werden wir in diesen Aufgaben den Anforderungen an Obrigkeiten gerecht?

Liebe als Lebensstil

Lesen Sie vor der Beantwortung der Fragen folgende Bibelstellen:

- Psalm 31.24, 97.10
- Jesaja 56.1-7
- Hosea 10.12
- Amos 5.15
- Micha 6.8
- 1. Matthäusevangelium 22.35-40
- Lukasevangelium 7.47
- Römerbrief 12.9
- 1. Korintherbrief 13.1-13, 16.14
- Galaterbrief 5.6
- Epheserbrief 1.4
- 1. Thessalonicherbrief 4.9
- 1. Timotheusbrief 4.12,
- 2. Timotheusbrief 1.13, 2.22
- Titusbrief 2.2
- 1 Petrusbrief 1.13-17, 4.8
- 1. Johannesbrief 3.11, 3.18, 4.8, 4.19
- 2. Johannesbrief 1.6
- Judasbrief 1.21

Frage 46:
Wann liebe ich? Nennen Sie möglichst viele konkrete Eigenschaften und Handlungsweisen, die einen Liebenden kennzeichnen.

_____

_____

Frage 47:
Wie weit ist der Mensch allgemein und ein lebendiger Christ im Besonderen verpflichtet, zu lieben?
Welchen Anteil soll «Liebe üben» in meinem Leben haben?

_____

_____

Frage 48:
Kann ich eigentlich ununterbrochen lieben?
Woher bekomme ich Kraft zum Lieben?

_____

_____

Frage 49:
Was kann ich tun, wenn mir die Liebe für diesen oder jenen Menschen fehlt? Wie werde ich von Gleichgültigkeit frei? Wie finde ich zu einem Lebensstil der Liebe?

_____

_____

Frage 50:
Welche Bedeutung hat die Vergebung meiner Sünden durch Jesus Christus hinsichtlich meiner Motivation zu lieben?

_____

_____

Ausklang

1. Johannes 3,11
Denn das ist die Botschaft, die ihr gehört habt von Anfang an, dass wir uns untereinander lieben sollen…

Die Botschaft der Liebe ist wirklich die zentrale Botschaft Gottes, der Inhalt der Schöpfung und das Zentrum für den Menschen. Die Liebe ist alles! Das hat einen einfachen Grund: Gott ist Liebe.

Das Gegenteil von Liebe ist Egoismus. Aus diesem Egoismus trennten sich die ersten Menschen von Gott und damit von der Liebe. Gott hat aber einen Weg zu sich zurück geschaffen. Wieder aus Liebe sandte er seinen Sohn Jesus Christus, der aus Liebe zu uns starb und damit die Schuld des Egoismus tilgte.

Jeder der Sehnsucht hat nach der ursprünglichen Bestimmung des Menschen, einem Leben der Liebe, kann zurück in diese wunderbare Gemeinschaft mit dem Gott der Liebe.

Nur wer die Liebe Gottes in all ihren Fazetten versteht, erhält Einblick in wahres Leben und Glück. Gott hat seine Liebe aber nicht versteckt, sondern mannigfaltig offenbart. Am deutlichsten in seinem Liebesbrief der Bibel.

Lassen Sie sich motivieren, diesen Liebesbrief nach Gottes Liebe zu durchforschen und dabei zu erkennen, dass sie als sein geliebtes Wesen im Mittelpunkt seines Interesses sind – eine wunderbare, beinahe unglaubliche Entdeckung.

Lassen Sie sich auch von dieser Liebe Gottes und seines Sohnes Christi anstecken, selbst zu einer liebenden Persönlichkeit zu werden. Es gibt keinen direkteren Weg zu nachhaltigem Glück und Zufriedenheit.

Falls sie Fragen haben zu Gott, zu seiner Liebe, zur Bibel oder zu diesem Buch fassen Sie Mut und wenden Sie sich an jemanden, der bereits Gott persönlich kennen gelernt hat oder wenden Sie sich an die Adresse im Impressum dieses Buches.